首都・東京を走る都バス

東京スカイツリーをバックに吾妻橋を渡る〈都08〉系統。外国人観光客が増えたこともあり、浅草とその周辺は終日賑わいを見せている

東京駅丸の内北口に到着した観光路線〈S-1〉系統。100年前の姿に復原されたレンガ造りの駅舎に、レトロモダンなバスが良く似合う

首都・東京を走る都バス

赤坂アークヒルズを見上げる〈都01〉系統。1980年代以降、六本木通り沿いの再開発が進められ、いくつもの高層複合ビルが誕生した

勝鬨橋で隅田川を越える〈都04〉系統。かつては都電も渡った美しい跳開橋は、国の重要文化財に指定されている

昭和レトロな映画看板を横目に青梅宿を行く〈梅74〉系統。青梅地区の都バス路線は1970年代に西武バスから引き継いだもの

造り酒屋の土蔵を見ながら沢井駅付近を走る〈梅01〉系統。青梅駅から多摩川上流をさかのぼる土日祝日運行の観光路線だ

都バスを支える営業所・支所・工場

都電の車庫を引き継いだ巣鴨営業所。2013年に防災基地を兼ねた新庁舎に生まれ変わった

多摩地区唯一の拠点・早稲田営業所青梅支所。都バス最長路線の〈梅70〉系統を担当する

江東区東雲にある車両課自動車工場。都バス全車両の車検整備や大規模修繕などを行う

活躍中の車両たち

1997年に初登場したノンステップバスに採用された現行カラー。在来車の緑のナックルラインにオレンジをあしらったものである

観光路線〈S-1〉系統の専用車5台は、曲線を多用したシルバーメタリックのボディ

江東区コミュニティバス「しおかぜ」用として、海が描かれた小型CNGバスを1台保有

2006年に一新された貸切車カラー。渋谷営業所の3台は神宮の杜とイチョウをデザイン

カラーリングの変遷

都バスのマスコット「みんくる」。1999年の誕生時にはバスの車体にラッピングしてアピール

2007年に事業を休止した特定バス。1985年以降は白地に黄緑色のラインを入れたデザインだった

2006年以前の貸切バス。緑から黄色へ色づくイチョウのデザインは1991年に採用されたもの

台東区と江戸川区から運行受託していた2階建てバス。真っ赤なボディで乗客の人気を集めた

都バス90周年を記念して歴代5つのカラーを復刻。1950年代はボンネットバスをベースにしたもの

1959年からは当時の都電と似たイメージ。1962年に帯がマルーンから赤へ変更された

1968年からはアイボリーとスカイブルー。当時の都知事の名をとって“美濃部カラー”と呼ばれた

1981年に採用された黄色に赤帯の冷房車カラー。都民に不評だったため、短命に終わっている

都民へのアンケートで1982年に選ばれた“ナックルライン”。ノンステップバス登場まで使用された

第二の人生を歩む都バス車両

北海道の士別軌道に移った1988年式の日野車。ハイバックシートを備えた都市新バス仕様で、地方路線には最適

茨城交通に転じた1988年式のいすゞ車。旧型の丸いボディがのちに貴重になり、多くのファンが撮影に訪れた

福島交通の1991年式の三菱車はいまも現役。都市型の仕様を活かして郡山地区の通勤通学路線で活躍している

東日本大震災の被災地には50台のバスを無償譲渡。三陸に路線を延ばすミヤコーバスでは東京都への感謝を込め、都バスカラーのまま使用している

そうだったのか、
都バス

懐かしの車両から最新システムまで

加藤佳一
Kato Yoshikazu

交通新聞社新書　101

はじめに

近年、路線バスを使った街歩きの番組がテレビで人気を集めている。なかでも、都バスを利用したものは視聴率が良いらしく、バラエティ番組やワイドショーの1コーナーなどで、都バスを使った食べ歩きなどをときどき見かける。確かに都バスは、首都圏に住む人たちにとって身近な存在だし、沿線は街歩きに適したスポットの宝庫である。しかし残念なのは、そうした番組の多くで、都バスが主役にはなっていないことだ。番組の中心になっているのは、グルメであり、体験であり、時には出演タレント自体だったりする。これでは別に都バスを使う意味がなく、番組を見た視聴者の多くは、JRや地下鉄やマイカーで目的のスポットに行くことだろう。

筆者自身、6年前に『都バスで行く東京散歩』（洋泉社新書y）を執筆した。都バスの一日乗車券を使って街歩きを行い、それぞれのコースにストーリーづけをして、都バスで行くからこその楽しさをお伝えしたつもりだ。しかし、長年バスに関する本づくりをしてきた者として、もう少し都バス自体のことを紹介したいと思い始めた。東京の台東区に住んでいた幼いころ、生家最寄りの谷中《やなか》停留所に来るのが、トロリーバスからクリームに赤帯の都バス、そして水色のワンマンカーになったのはなぜか。浅草寺の帰り、伯母の乗る足立梅田町行きと自分が乗る上野公園行きのバスの形が違ったのはなぜか。暮れに穴八幡に行くとき、倹約家の祖父が選んで乗った早大正門行きとはどんなバスなのか。子どものころにはわからず、この仕事に就いたことで知り得たさまざまな都バスのうんちくを、なんとか広く世の中の人々に紹介したいと考えたのである。

そんな矢先、交通新聞社から本書のお話をいただき、二つ返事でお引き受けすることにした。本書ではまず第1章で、都バスのトリビアを列挙。たとえ日常的に都バスに乗る人でも、利用する路線以外のことはあまり知らないのが一般的なので、都バス全体の路線や営業システムから特徴的なものを取り上げるとともに、系統番号や車両の局番といった記号の解説も行った。第2章と第3章では、およそ90年に及ぶ都バスの歴史を路線・営業面と車両面から紹介。都バスの路線と営業システムや車両がどのような理由により今日の姿になったのか、その過程を詳しく紹介してみた。さらに第4章では、乗客が目にすることのない営業所と工場に注目。その設備や職員の役割・仕事内容を解説したうえ、ある乗務員のダイヤに一日密着して観察を試みている。

本書を通じて、読者の皆様にぜひ、都バスそのものにも興味を持っていただきたいと思う。そしてテレビや雑誌の記事で見たスポットをめざすとき、本当に都バスを乗り継いで出かけてくださる方を少しでも増やすことができれば、筆者としてこのうえない喜びである。

そうだったのか、都バス――目次

第2章　都バス90年の道のり

第3章　常に最先端をゆく都バス車両いまむかし

第４章　安全を支える都バスのバックヤード

※本書に記載した数値は特記のない限り2016（平成28）年3月31日現在のものです

第1章　知って楽しい都バスのトリビア

都バスの規模は全国3位、公営バスとしては日本一

クリームとライトグリーンのフェイス。サイドには大きなオレンジのサークル。都心を歩いていると、ほぼ必ず目にするのが、行き交う都バスの姿である。現在の車両数は1452台。公営バスとしては日本一の規模であり、民間バス会社と合わせても、神奈中バス（神奈川中央交通）の2121台、西鉄バス（西日本鉄道）の1844台に次いで、全国第3位の規模を誇る。

現在の営業キロは737・7km、系統数は129系統、停留所は1546カ所である。その路線は、主にJR埼京線とそれに続く山手線池袋〜品川、荒川に囲まれたエリア、江戸川区の一部、多摩地域の一部に広がっている。都バスと呼ばれながら、実は都内全域に路線を持っているわけではない。

都バスは都電、都営地下鉄、日暮里・舎人《とねり》ライナーとともに、東京都交通局が営業を行っている。交通局は東京都新宿区の都庁第二本庁舎にあり、バスの運行を管理する営業所（カッコ内は支所）が、品川（港南）、渋谷（新宿）、小滝橋《おたきばし》（杉並）、早稲田（青梅）、巣鴨、北（練馬）、千住、南千住（青戸）、江東、江戸川（臨海）、深川に置かれている。各営業所の担当路線は表1-1のとおり。現在2664人の職員が働き、一日平均58万5000人の乗客に利用されている。

かくも大規模な都バスであるが、決して現在が全盛というわけではない。全国の路線バスがそうであるように、1960～70年代のいわゆる〝バス黄金期〟をピークに乗客が減少し、事業規模の縮小が続いた時期があった。たとえば、営業キロと系統数は1968（昭和43）年の957・9㎞、139系統、車両数と一日平均乗車人員は1972（昭和47）年の2519台、129万8912人を頂点として、おおむね減少に転じている。しかし都バスの場合、他の多くの路線バスと異なり、乗客減少の理由はマイカーの普及だけではない。地下鉄路線の延伸と国鉄・私鉄との相互乗り入れ開始、都心部から郊外への人口流出といった特有の要因があった。

近年は地下鉄網がほぼ完成し、人口の流出傾向も落ち着きを見せている。半面、これまで都バスが独占的に営業してきたエリア内で各区のコミュニティバスの開業が相次ぎ、乗合バスの規制緩和による他事業者の新規参入も見られる。そんななかで都バスは、〝バス待ち環境〟の改善や車内での居住性・利便性の向上などに取り組み、公営交通としての社会的使命を担っている。こうした努力は評価されつつあり、ここ数年、一日平均乗客数がわずかながら上昇している。

そこで次に、都バス路線の〝なんでもナンバーワン〟を通して、現在の都バスのプロフィールを紹介したい。さらに、他の路線バスに先駆けて行われてきたさまざまな乗客サービスを取り上げ、規模だけではない都バスのアピールポイントを知っていただきたいと思う。

【表1-1①】営業所別担当路線一覧

営業所・支所	系統	運行区間
品川	市01	新橋駅前～国立がん研究センター循環～新橋駅前
	海01	門前仲町～有明一丁目～東京テレポート駅前※
	直行01	大井町駅東口～八潮パークタウン循環～大井町駅東口
	波01	東京テレポート駅前～中央防波堤※
	黒77	目黒駅前～千駄ヶ谷駅前
	品91	品川駅港南口～八潮パークタウン循環～品川駅港南口
	井92	大井町駅東口～八潮パークタウン循環～大井町駅東口
	品93	大井競馬場前～品川駅高輪口～目黒駅前
	品96甲	品川駅港南口～天王洲アイル循環～品川駅港南口
	品96乙	品川駅港南口～りんかい線天王洲アイル駅前
	反96	五反田駅前～六本木ヒルズ
	品98甲	品川駅港南口～大田市場
	品98乙	品川駅港南口～大井埠頭バンプール前
	品98丙	品川駅港南口～(急行)～大田市場
	品99	品川駅港南口～品川埠頭循環～品川駅港南口
	品99折返	品川駅港南口～東京入国管理局前
港南	都03	晴海埠頭～四谷駅前
	橋86	目黒駅前～東京タワー・新橋駅前
	田92	品川駅港南口～高浜橋～田町駅東口
	反94	五反田駅前～赤羽橋駅前
	浜95	品川車庫前～品川駅港南口～東京タワー
	井96	大井町駅東口～天王洲アイル循環～大井町駅東口
	品97	品川駅高輪口～新宿駅西口※
	井98	大井町駅東口～大井水産物埠頭前
	田99	品川駅港南口～芝浦埠頭～田町駅東口
渋谷	RH01	渋谷駅前～(急行)～六本木ヒルズ
	都01	渋谷駅前～六本木駅前～新橋駅前
	都01折返	渋谷駅前～六本木ヒルズ

営業所・支所	系統	運行区間
渋谷	学03	渋谷駅前～日赤医療センター前
	学06	恵比寿駅前～日赤医療センター前
	都06	渋谷駅前～赤羽橋駅前～新橋駅前
	田87	渋谷駅前～田町駅前
	渋88	渋谷駅前～青山学院前～神谷町駅前～新橋駅前
新宿	宿74	新宿駅西口～国立国際医療研究センター前～東京女子医大前
	宿74出入	新宿車庫前～中央公園～新宿駅西口
	宿75	新宿駅西口～抜弁天～東京女子医大前～三宅坂
	宿75出入	新宿車庫前～西参道～新宿駅西口
	早81	早大正門～渋谷駅東口循環～早大正門
小滝橋	C・H01	新宿駅西口～都庁第一本庁舎循環～新宿駅西口☆
	学02	高田馬場駅前～早大正門
	都02乙	池袋駅東口～東京ドームシティ～一ツ橋
	飯62	小滝橋車庫前～都営飯田橋駅前
	橋63	小滝橋車庫前～新橋駅前
	飯64	小滝橋車庫前～九段下循環～小滝橋車庫前
	上69	小滝橋車庫前～上野公園循環～小滝橋車庫前
杉並	高71	高田馬場駅前～九段下
	渋66	阿佐ケ谷駅前～渋谷駅前☆
	王78	新宿駅西口～王子駅前
	宿91	新宿駅西口～新代田駅前
	品97	品川駅高輪口～新宿駅西口※
早稲田	上58	早稲田～上野松坂屋前
	早77	早稲田～新宿駅西口
	池86	池袋駅東口～渋谷駅東口循環～池袋駅東口
青梅	梅01	青梅駅前～玉堂美術館循環～青梅駅前
	梅70	青梅車庫前～東大和市駅前～花小金井駅北口
	梅74甲	裏宿町～青梅車庫前～成木一丁目循環～青梅車庫前
	梅74乙	河辺駅北口～成木一丁目循環～河辺駅北口
	梅76甲	裏宿町～青梅車庫前～上成木

【表1-1②】営業所別担当路線一覧

営業所・支所	系統	運行区間
青梅	梅76丙	青梅駅前～吉野
	梅77甲	裏宿町～青梅車庫前～塩船観音入口～河辺駅北口
	梅77甲折返	河辺駅北口～塩船観音入口循環～河辺駅北口
	梅77乙	青梅駅前～駒木町循環～青梅駅前
	梅77丙	東青梅駅前～駒木町～青梅駅前
	梅77丁	青梅駅前～東青梅駅前～河辺駅南口
巣鴨	学01	東大構内～上野駅前
	都02	大塚駅前～錦糸町駅前
	学07	東大構内～御茶ノ水駅前
	里48	日暮里駅前～江北駅前～見沼代親水公園駅前※
	里48-2	日暮里駅前～江北駅前～加賀団地※
	茶51	駒込駅南口～秋葉原駅前
	上60	池袋駅東口～大塚駅前～上野公園
	草63	池袋駅東口～とげぬき地蔵前～浅草寿町
	草63-2	東池袋一丁目（豊島区役所前）～とげぬき地蔵前
	草64	池袋駅東口～王子駅前～浅草雷門南
北	王40甲	西新井駅前～王子駅前～池袋駅東口
	王40丙	王子駅前～江南中学校前循環～王子駅前
	王41	王子駅前～新田一丁目
	東43	江北駅前～荒川土手～駒込病院前～東京駅丸の内北口
	王45	王子駅前～北千住駅前
	里48	日暮里駅前～江北駅前～見沼代親水公園駅前※
	里48-2	日暮里駅前～江北駅前～加賀団地※
	王55	池袋駅東口～王子駅前～ハートアイランド東～新田一丁目
	王55折返	王子駅前～ハートアイランド東循環～王子駅前
	王57	赤羽駅東口～王子駅前～豊島五丁目団地
練馬	学05	目白駅前～日本女子大前
練馬	白61	練馬駅前～練馬車庫前～ホテル椿山荘東京～新宿駅西口
	池65	練馬車庫前～江古田二丁目～池袋駅東口
千住	草41	足立梅田町～浅草寿町
	草43	足立区役所～千住車庫前～浅草雷門
	端44	北千住駅前～駒込病院前
	北47	足立清掃工場前～竹の塚駅前～北千住駅前
	王49	王子駅前～北区神谷町～江北駅前・千住車庫前
	王49折返	王子駅前～北区神谷町～足立区役所
	王49折返	王子駅前～ハートアイランド東～足立区役所
南千住	S-1	東京駅丸の内北口～上野松坂屋前～錦糸町駅前
	都08	日暮里駅前～錦糸町駅前
	里22	日暮里駅前～亀戸駅前
	錦40	南千住駅東口～錦糸町駅前
	東42甲	南千住駅西口・南千住車庫前～東神田・東京駅八重洲口
	東42乙	南千住駅前～リバーサイドスポーツセンター前～浅草雷門
	上46	南千住駅東口・南千住車庫前～上野松坂屋前
	里48	日暮里駅前～江北駅前～見沼代親水公園駅前※
	里48-2	日暮里駅前～江北駅前～加賀団地※
青戸	AL01	東大島駅前～小松川さくらホール前循環～東大島駅前
	上23	平井駅前～上野松坂屋前
	上23折返	平井駅前～平井操車所
	上26	亀戸駅前～上野公園
	平28	東大島駅前～平井駅前循環～東大島駅前
	平28	東大島駅前～平井駅前～平井操車所
	錦37	青戸車庫前～錦糸町駅前
	草39	金町駅前～浅草寿町～上野松坂屋前
江東	都04	豊海水産埠頭～東京駅丸の内南口

【表1-1③】営業所別担当路線一覧

営業所・支所	系統	運行区間
江東	急行05	錦糸町駅前～日本科学未来館
	都07	錦糸町駅前～門前仲町
	錦18	錦糸町駅前～新木場駅前
	陽20	東陽町駅前～江東高齢者医療センター～東大島駅前
	亀21	東陽町駅前～大島駅前～亀戸駅前
	東22	錦糸町駅前～東陽町駅前～東京駅丸の内北口
	門33	亀戸駅前～豊海水産埠頭
江戸川	FL01	葛西駅前～錦糸町駅前
	西葛20甲	西葛西駅前～なぎさニュータウン
	西葛20乙	西葛西駅前～葛西臨海公園駅前
	葛西21	葛西駅前～コーシャハイム南葛西～葛西臨海公園駅前
	新小21	西葛西駅前～船堀駅前～新小岩駅前
	新小22	葛西駅前～一之江駅前～新小岩駅前
	亀23	亀戸駅前～江東高齢者医療センター循環～亀戸駅前
	亀24	葛西橋～亀戸駅前
	錦25	葛西駅前～錦糸町駅前
	西葛27	西葛西駅前～臨海町二丁目団地前
	錦27	小岩駅前～両国駅前
	錦27-2	小岩駅前～船堀駅前
	錦28	東大島駅前～錦糸町駅前
	臨海28甲	葛西臨海公園駅前～一之江駅前～一之江橋西詰
	亀29	なぎさニュータウン～亀戸駅前
臨海	急行06	森下駅前～日本科学未来館
	木11乙	東陽町駅前～潮見駅前
	錦11	亀戸駅前～錦糸町駅前～築地駅前
	新小20	東新小岩四丁目～一之江橋西詰～一之江駅前☆
	東20	東京駅丸の内北口～東京都現代美術館～錦糸町駅前
	門21	東大島駅前～門前仲町
	葛西22	葛西駅前～今井～一之江駅前
	錦22	臨海車庫～錦糸町駅前
	臨海22	臨海車庫～船堀駅前
	平23	葛西駅前～平井駅前

営業所・支所	系統	運行区間
臨海	葛西24	船堀駅前～なぎさニュータウン
	草24	東大島駅前～浅草寿町
	秋26	葛西駅前～秋葉原駅前
	亀26	今井～亀戸駅前
	西葛26	船堀駅前～葛西臨海公園駅前
	船28	船堀駅前～篠崎駅前
	両28	葛西橋～亀戸駅前～両国駅前
	臨海28乙	一之江駅前～葛西駅前～臨海車庫
	新小29	葛西駅前～東新小岩四丁目
	新小29-2	東京臨海病院前～葛西駅前～東新小岩四丁目
深川	海01	門前仲町～有明一丁目～東京テレポート駅前※
	豊洲01	豊洲駅前～キャナルコート循環～豊洲駅前
	波01	東京テレポート駅前～中央防波堤※
	都05	東京ビックサイト・晴海埠頭～東京駅丸の内南口
	業10	新橋～とうきょうスカイツリー駅前
	木11甲	木場駅前～東陽町駅前～新木場南循環～東陽町駅前
	木11甲	東陽町駅前～若洲キャンプ場前
	錦13甲	錦糸町駅前～晴海埠頭
	錦13乙	錦糸町駅前～深川車庫前
	錦13折返	東陽町駅前～昭和大学江東豊洲病院前
	東15	深川車庫前～勝どき駅前～東京駅八重洲口
	東16	東京駅八重洲口～月島駅前～深川車庫前・東京ビッグサイト
	門19甲	東京ビックサイト・深川車庫前～IHI～門前仲町
	門19乙	深川車庫前～枝川～門前仲町
	江東01	潮見駅前～木場二丁目・辰巳駅前循環～潮見駅前

注：路線図（みんくるガイド）に掲載されている系統のみ表記
※複数営業所・支所の共同担当
☆民営バスとの共同運行

最東端は篠崎駅前、最西端は御嶽《みたけ》駅前、目黒区には都バスがない？

都バスのバス停で東西南北の端っこにあるのはどこなのだろうか。

最も東にあるのは篠崎駅前。都営地下鉄新宿線の駅で、同じ新宿線の船堀駅から新中川を渡り〈船28〉系統がやってくる。この路線は1980年代まで、さらに東側の旧中川沿いを今井まで南下する〈新小24〉系統だった。しかし、新宿線が篠崎まで延長されると、〈新小24〉の篠崎駅〜今井間は廃止され、起点も新小岩から船堀に変更されて〈船28〉となった。新中川の東側は、京成バスの路線エリア。都バスは希少な存在で、〈船28〉も1時間に1本と運行本数は少ない。

23区内での最西端は杉並区役所前。京王バスと相互乗り入れしている〈渋66〉系統が、渋谷駅前から甲州街道・代田橋を経由して杉並区役所前を通り阿佐ケ谷駅前に着く。民営バス会社との相互乗り入れは1940年代から開始され、一時は都バスが都県境を越え、千葉県の市川、埼玉県の川口、神奈川県の川崎などへ足を延ばしていた。しかし、鉄道路線の充実により役割を終え、現存するのはこの路線だけだ。2013（平成25）年には、東京駅丸の内南口〜目黒駅前〜等々《とど》力《ろき》間の〈東98〉系統から都バスが撤退。東急バスによる単独運行となった。これにより、目黒区は23区の中で唯一、都バスが走らない区になった。

多摩地区にも都バス路線があり、全路線の最西端は〈梅01〉系統の御嶽駅前。この系統は土日祝日運行の観光路線で、平日の最西端は〈梅76丙〉の吉野となる。いずれも青梅駅前から多摩川を上流へさかのぼる路線で、都心部の都バスとは別世界の車窓が展開する。最北端も多摩地区にあり、青梅駅前（裏宿町《うらじゅくちょう》）と上成木《かみなりき》を結ぶ〈梅76甲〉の高土戸《たかつと》。見下ろす渓流に初夏はホタルが飛び交い、付近はバス停以外でも乗り降りできるフリー乗降区間である。

23区内での最北端は見沼代親水公園駅前。日暮里・舎人ライナーの終着駅で、その高架下を日暮里駅前から走る〈里48〉系統の終点でもある。〈里48〉は以前、やや南の足立流通センターが終点で、日光街道を走る〈北47〉の水神のほうが北にあった。しかしその後、〈里48〉が埼玉県境まで延長されると、終点の舎人二ツ橋が最北に。そして日暮里・舎人ライナーの開業時に、舎人二ツ橋は見沼代親水公園駅前と名称を変え、最北となった。

最も南にあるのは大田市場。品川駅港南口を起点に、埋め立て地の大井埠頭を行く〈品98甲〉の終点である。バスは大田市場の北門から場内に乗り入れ、トラックの間を遠慮がちに、南側管理棟の前に立つバス停にたどり着く。また、大森駅東口からは京急バスが場内に乗り入れ、同じ管理棟前を終点としている。大田市場には見学コースが設けられ、安くておいしい場内の食堂も人気があるため、市場関係者だけでなく街歩きを楽しむ人たちにも利用されている。

都バス発祥路線と最新路線が走る街、南千住

都バスの路線は時代のニーズに合わせ、変化を重ねてきた。では現在の路線のなかで、最も古くから運行されているのはどの系統だろうか。

都バス開業の経緯については第2章で詳しく述べるが、東京都交通局の前身にあたる東京市電気局が初めて市バスを走らせたのは、1924（大正13）年のことである。この年に運行開始した路線は合わせて20系統。このうち、3月5日に運転を始めた〈15〉系統は、大塚～春日町～外手《そとで》町（現・本所一丁目）間であり、このルートで大塚駅前～錦糸町駅前をいまも〈都02〉系統が結んでいる。また、3月16日に運転を開始した〈12〉系統は、南千住～御蔵前片町（現・蔵前駅前）～東京駅間であり、このルートをいまも南千住～東京駅八重洲口間の〈東42甲〉系統が走っている。したがってこの2系統が、現存する〝都バス発祥の路線〟であることは間違いない。

しかし当初の市バスは、関東大震災で大きな被害を受けた市電の代行を目的としており、市電が復旧すると順次、運行を終了した。旧市バス〈15〉系統は都電〈16〉系統、旧市バス〈12〉系統は都電〈22〉系統となり、それぞれが都バスとして復活するのは、1970（昭和45）年の都電廃止のときである。また、市民に定着した市バスの存続が決まり、市電代行とは別に運行が開

始された路線については、全区間が現存しているものがない。そしてその後、戦時統合により現在の〈田87〉系統や〈王40〉系統などの前身にあたる路線を民営バス会社から引き継いだ。したがって、最古の路線という定義で現有路線のひとつをあげることはきわめて困難である。

一方、新しい路線の第1位は、2015（平成27）年に新設された〈錦40〉系統。錦糸町駅前からとうきょうスカイツリー駅前を通り、東京都リハビリテーション病院に近い梅若橋《うめわかばし》コミュニティ会館を経由。隅田川に架けられた水神大橋を渡り、再開発で生まれ変わった南千住駅の東口に乗り入れる。第2位は、2008（平成20）年に開業した〈S-1〉系統。「東京▼夢の下町」の愛称を持つ観光路線である。当初は東京駅丸の内北口から上野松坂屋前、浅草雷門を経て、「江戸東京博物館」のある両国駅を結んでいたが、とうきょうスカイツリーのオープンにより、東側を押上《おしあげ》経由の錦糸町駅前発着とし、東京駅～上野松坂屋前間を土日祝日運行に変更している。第3位は2007（平成19）年運行開始の〈陽20〉系統。東陽町駅前と江東高齢者医療センター前を結んでスタートし、現在は都営地下鉄新宿線の東大島駅前まで延長されている。

路線の新設がいずれも下町エリアで、観光と医療に関連することは、現在の都バスのニーズを象徴している。また、南千住の街に都バス発祥路線と最新路線が走っていることも興味深い。

最長路線は所要100分、最短路線はわずか5分

都バスを頻繁に利用するという人も、その乗車時間は10分から15分、長くても30分程度ではないだろうか。地方のバスのように1時間、2時間と走る路線が、都バスにもあるのだろうか。

都バス最長路線は〈梅70〉系統。青梅車庫前と西武新宿線花小金井駅北口を結び、全長28・21㎞、所要時間は約1時間40分に及ぶ。実はこの路線、1949（昭和24）年に〈301〉系統として開設されたときは、青梅～荻窪間39・0㎞を結んでいた。その後、沿線環境の変化により、東側の終点が阿佐ヶ谷駅前、田無《たなし》本町二丁目（現・田無二丁目）、柳沢駅前と変わり、2015（平成27）年に現行区間となった。短縮されてもなお、都バス最長のタイトルを維持している。

第2位は〈梅74〉系統。これも多摩地区の路線で、裏宿町・青梅車庫前・河辺駅北口を起点に、青梅市北部の成木地区を一周して戻る全長26・56㎞、所要約1時間の循環系統だ。成木地区はフリー乗降制で、都内唯一の温泉郷「岩蔵温泉」を通るなど、ローカルムード満点。また、路線最北部の下畑と上畑のバス停は飯能《はんのう》市にあり、唯一の埼玉県内を走る都バス路線でもある。

第3位は〈王78〉系統。ここで初めて23区内の路線が登場する。新宿駅西口から青梅街道を西へ向かい、環七通りを北上し東へ。北本通《きたほんどお》りを南下して王子駅前に至る全長18・27㎞、所要約1

時間15分の系統。国際興業バスエリアの板橋区を走る唯一の都バスである。同じように新宿から青梅街道を走り、環七通りを逆に南へ折れ、新代田駅前まで行く〈宿91〉系統は、1984（昭和59）年まで東急バスとの相互乗り入れで、大森操車場まで足を延ばす長距離路線だった。

一方、都バス最短路線は〈学05〉系統。目白駅前と日本女子大前をノンストップで結び、全長1・593㎞、所要時間はわずか5分。系統番号の「学」は、学生の福利厚生のため運賃を低額に設定した「学バス」という路線を表す。合わせて6系統が運行されているが、なかでも途中ノンストップの〈学05〉は、日本女子大の学生と附属豊明小の児童たちの専用路線の感がある。

第2位は〈学06〉系統。恵比寿駅前と日赤医療センター前を結び、全長1・61㎞、所要時間は9分である。これもまた「学バス」で、國學院大學や東京女学館、広尾高校などの学生・生徒たちが利用しているほか、日赤医療センターの職員や通院客、沿線住民の利用も少なくない。

第3位は〈C・H01〉系統。新宿駅西口の地下乗り場を起点に、都庁第一本庁舎、都庁第二本庁舎、都議会議事堂をまわる全長1・9㎞、所要10分の循環系統だ。都庁の新宿移転の際に運行が開始され、都市型超低床バスやノンステップバスなど、常に最新型の車両が使用されてきた。当初は都バスの単独運行だったが、1999（平成11）年から京王バスが加わっている。

運行回数最多路線は1日271回、最少路線は早朝に1回のみ

都バス最長路線の〈梅70〉系統はおおむね1時間に1本、最短路線の〈学05〉系統は朝の通学時間帯には4～5分間隔で運行される。では、運行回数の最多・最少路線はどこだろうか。

運行回数最多路線は〈都01〉系統だ。渋谷駅前と新橋駅前を六本木経由で結んでおり、途中折り返しも含めた平日の運行回数は271回。2～4分間隔で運転されている。渋谷～六本木間、六本木～新橋間は、いずれも地下鉄利用だと乗り換えを強いられるため、この路線の利便性は高い。さらに近年、沿線にいくつもの超高層複合ビルが出現し、ますます利用者が増加した。

第2位は〈東22〉系統の207回。錦糸町駅前から地下鉄東西線東陽町駅前経由で、東京駅丸の内北口へ行く路線だ。3分の2以上が錦糸町駅前～東陽町駅前間の折り返し便で、東西線の上を東京駅まで走る区間は回数が減る。南北に走る鉄道に恵まれない江東区では〈東22〉と同じように南北を結ぶ〈都07〉〈錦13〉〈業10〉がいずれも乗客が多い。一番西側の〈門33〉もかつては運行回数の多い路線だったが、都営地下鉄大江戸線の開業により、その役割の半分以上を譲った。

第3位は〈品99〉系統の204回。品川駅港南口を起点に、品川埠頭を循環する路線だ。東京湾の埋め立てにより、1960年代に誕生した品川埠頭。コンテナターミナルなどの物流拠点や

東京入国管理局への足を担っており、品川駅〜東京入国管理局前間の折り返し便もある。昨今、日本に滞在する外国人が増加していることもあり、日中は外国人の乗客の姿がめだつ路線である。

一方、運行回数最少路線は山間部の多摩地域ではなく、なんと運行本数第3位の〈品99〉と同じ品川駅港南口から出る。都バス最南端停留所の大田市場との間をノンストップで走る急行系統〈品98丙〉で、市場休場日を除く早朝に1往復運転されるだけである。急行といっても、〈品98甲〉の停留所をただ通過して走るのではない。大井埠頭には入らず、国道357号(湾岸道路)をショートカットする。したがって、その車窓を楽しむチャンスは1日わずか1回しかない。

第2位と第3位はいずれも多摩地区の〈梅77〉系統だ。〈梅77〉には4つの運行系統があり、〈梅77甲〉は、裏宿町・青梅車庫前〜塩船《しおふね》観音入口〜河辺駅北口間と河辺駅北口を起終点とする塩船観音入口循環で、JR青梅線の北側が路線の中心。他の3系統は青梅線の南側をからみあうように走っており、〈梅77乙〉が青梅駅前を起終点とする駒木町《こまきちょう》循環、〈梅77丙〉が東青梅駅〜駒木町〜青梅駅前間、〈梅77丁〉が青梅駅前〜東青梅駅前〜河辺駅南口間となっている。第2位は1日2回の〈梅77丙〉、第3位は4回の〈梅77丁〉である。〈梅77丙〉だけが通る千ケ瀬《ちがせ》四丁目と五丁目には1日2回しかバスが停まらないわけで、都バスで一番バスの少ない停留所となる。

一番の夜更かし路線は25時10分発、早起き路線は5時02分発

運行回数最多路線の〈都01〉系統には、深夜バス〈深夜01〉系統が設定されている。深夜バスは、通常の最終バスのあとに倍額の運賃で平日に限り運行されるもの。都バスの場合、23時以降に設定されている。都内屈指の繁華街を結ぶ〈都01〉には夜遅くまで需要があり、渋谷駅前発の新橋駅北口行きは23時05分と24時05分の2回、新橋駅北口発の渋谷駅前行きは23時05分、23時50分、24時45分の3回、〈深夜01〉が運行されている。では、最も夜更かしの路線はどこだろうか。

第1位は新小岩駅前〜船堀駅前間の〈深夜12〉系統。新小岩駅前〜船堀駅前〜西葛西駅前間に運行されている〈新小21〉の北側半分に設定された深夜バスだ。新小岩→船堀方向に4回、船堀→新小岩方向に3回に運行され、新小岩駅前25時10分発が都バス夜更かしナンバーワンである。

第2位は王子駅前〜新田二丁目間の〈深夜11〉系統。新田一丁目行き〈王41〉の終点を環七通り手前の新田二丁目に短縮し、入庫回送を日中よりスムーズにしたものだ。王子→新田二丁目方向だけ5回運行され、最終は王子駅前発25時10分。この時刻は〈深夜12〉と互角だが、〈深夜11〉は所要12分、〈深夜12〉は所要15分なので、終点到着時刻が〈深夜12〉のほうがより遅い。

第3位は同じ王子駅前と豊島五丁目団地を結ぶ〈深夜02〉系統。赤羽駅東口〜王子駅前〜豊島

五丁目団地間に運行される〈王57〉の東側半分に設定された深夜バスだ。5往復半のうち王子→豊島五丁目団地方向の1回は池袋駅東口が始発。王子駅前発の最終は25時05分である。

都心の繁華街を行く〈深夜01〉より、周辺部の最終のほうが遅いことを意外に思われるかもしれない。しかし、都心で遅くまで働いたり遊んだりした人たちの足として、JR線の最終電車に接続したダイヤなのだ。ちなみに〈深夜01〉は、2013（平成25）年の年末から試験的に終夜運行を行ったが、利用が振るわなかったため、翌年の10月までで運行を終了した。最終日がハロウィンの夜だったことから、仮装をした乗客でこの日だけバスが超満員となり、話題を呼んだ。

一方、最も早起きの路線は〈市01〉系統で、新橋駅前5時02分発の築地市場正門前行き。第2位は〈西葛20出入〉系統で、西葛西駅前5時20分発の臨海車庫前行き。第3位は前項に登場した〈品98丙〉系統で、品川駅港南口5時32分発の急行大田市場行きである。これらに共通するのは終点または沿線に市場があり（〈西葛20出入〉＝葛西市場）、その通勤客のためのダイヤだということだ。したがって、〈市01〉は仲買人や観光客の行き来も途絶える17時10分発まで、〈西葛20出入〉は朝の通勤が終わる6時24分発で早々と終了する。〈品98丙〉に至っては前述のとおり、この1便だけしかなく、都バスのなかで最も最終バスの早い路線ともいえる。

「銀座通り」には夜だけ都バスが走る？

都バスのダイヤは通常、平日、土曜日、日祝日の3種類が用意されている。平日と土曜日と日祝日とでは、乗客のニーズが異なるからだ。都バス最西端を行く〈梅01〉系統や錦糸町駅前・森下駅前とお台場地区を直結する〈急行05〉〈急行06〉系統、錦糸町駅前と江戸川区の住宅街を経由して葛西駅前を結ぶ〈FL01〉系統は、観光や買い物の足という位置づけから、土曜日と日祝日だけに運行される。また、錦糸町駅前と新木場駅前を結ぶ〈錦18〉系統は、乗客のほとんどがビジネス利用であり、土曜日と日祝日には走らない。

さらに利用者が限定される路線もある。都バス最短路線の〈学05〉系統は、乗客のほとんどが日本女子大と附属豊明小の学生・児童・職員なので、休校日には運休となる。1日1本の〈品98丙〉系統は、大田市場の関係者のために設定されており、休場日には走らない。さらに、休場日は〈品98甲〉系統も大田市場北門折り返しとなり、最南端のバス停、大田市場に都バスがやってこない。新橋駅前発の〈市01〉も、築地市場の休場日には、市場に寄らない循環経路となる。

〈品98甲〉や〈市01〉のように、乗客ニーズに合わせて起終点や経路を変更する例はほかにもたくさんある。たとえば、〈都02乙〉系統の東京ドームシティ～一ツ橋間、〈臨海28甲〉系統の一之江橋西詰～一之江駅前間、〈橋86〉系統の御成門《おなりもん》～新橋駅前間は朝または朝夕のみの延長運行で、〈橋86〉は代わりに日中、東京タワーに乗り入れる。〈草43〉系統は足立区役所の閉庁時には千住車庫前止まりとなり、〈亀23〉系統は江東高齢者医療センターの診療時間外は南砂町駅前で折り返す。〈王49〉系統は平日の朝だけ江北駅前に発着する便を設定し、日暮里・舎人ライナーとの乗り換えを考慮。〈品97〉系統の両方向と〈早77〉系統の早稲田行きは日祝日のみ歌舞伎町を経由し、〈S-1〉系統は土日祝日だけ東京駅丸の内北口～上野松坂屋前間が延長運行される。

乗客ニーズではなく、走行環境に合わせて経路変更されるものもある。〈品93〉系統は平日の朝だけ第一京浜を通るが、これは京急線の開かずの踏切を回避するため。〈早81〉系統の場合、日祝日には需要のない渋谷区役所前を通らず、正月には初詣渋滞の起きる原宿駅前に入らない。新橋ととうきょうスカイツリー駅前を結ぶ〈業10〉系統は日中、外堀通りを行くが、数寄屋橋《すきやばし》交差点の一般車の右折が許される20時以降、渋滞を避けて中央通り経由となる。都バスの姿が消えて久しい銀座のメインストリートを、夜も更けたころ、数台の都バスが毎日行き来している。

首都東京だけに、イベントなどによる迂回運行を強いられることも少なくない。〈S-1〉系統と〈秋26〉系統は、秋葉原で歩行者天国が実施されている際は迂回を行う。三社祭や隅田川花火大会のときは浅草地区、富岡八幡宮の例大祭では門前仲町地区で、多くの路線の迂回や折り返し運行が行われる。また東京マラソンの開催日には、迂回・折り返しは広範囲なものとなる。

路線図に載っていない系統・停留所がある？

曜日や時間帯を限って起終点や経路が変わる区間も、イベント時だけでなく通年運行されるものについては、路線図（ここでは「みんくるガイド」掲載のものをさす）に点線で掲載されている。しかし都バスのなかには、路線図に掲載されていない系統・区間が実は存在する。

代表的なものが出入庫系統。営業所・支所と離れた路線で使用されるバスが、営業所と路線の間を回送ではなく営業しながら走るケースだ。品川車庫前からは〈品91〉の八潮《やしお》パークタウン行き、〈田92〉の田町《たまち》駅東口行き、〈反96〉の六本木ヒルズ行き、〈品97〉の新宿駅西口行きが発車しているが、いずれも車庫と品川駅の間の記載はない。また〈波01〉の出庫便は品川駅港南口～東京テレポート駅前間を営業運転し、レインボーブリッジを渡る唯一の都バスである。新宿車庫前には一般系統はなく、点線で路線図にある〈宿74〉〈宿75〉の出入庫系統のほか、渋谷駅前行き〈渋88〉も出ている。小滝橋車庫から引き継いだ〈早81〉の出入庫系統は、小滝橋車庫前～早大正門間を営業運転する。環七通りを走る〈王78〉〈宿91〉は、出入庫便だけが杉並車庫前に発着。池袋駅東口～王子駅前～西新井駅前間〈王40〉の出入庫便は、双方から王子駅前経由で北車庫前とつながっている。平井駅前〜上野松坂屋前間の〈上23〉には、四ツ木橋経由で平井駅前〜青戸車庫前の出入庫系統があり、江戸川車庫前〜葛西駅前間には〈錦25〉の出入庫系統が走る。臨海車庫前からは〈西葛20乙〉が葛西臨海公園駅前と西葛西駅前へ、〈臨海28甲〉が葛西駅前と一之江橋西詰へ、〈両28〉が亀戸駅前と両国駅前へ発車。深川車庫前からは〈都05〉の晴海埠頭行きと東京駅丸の内南口行き、〈業10〉の新橋行きととうきょうスカイツリー駅前行きが出ている。これらのほとんどは早朝の出庫と深夜の入庫の数本だけの設定。路線図にあれば頻発している誤解を招きかねず、掲載しないほうが妥当だと思われる。しかし、〈業10〉の出入庫系統などは一日を通して運行されており、掲載してもよいような気がする。

江戸川営業所には船堀駅近くに東小松川分駐所があるが、東小松川車庫前のバス停は路線図に載っていない。分駐所が管轄している〈新小21〉と〈錦25〉の出入庫系統が東小松川車庫前のバス停に発着しており、〈新小21〉の東小松川車庫前〜船堀駅前間の出入庫便は、一日を通して運行されている。路線図にないバス停にはもうひとつ、日本女子大前（豊明小学校前）がある。学バス〈学05〉系統が日本女子大キャンパス内の停留所に停まったあと、向かい側の路上にある小学校前にも停車する。

さらに、イベントの際の東京ビッグサイト、公演が行われる日の国立劇場、競艇が開催される日のボートレース江戸川と、鉄道各駅を結ぶシャトルバスの運行も都バスの仕事だが、臨時バスという性格上、路線図には掲載されていない。

高速料金は10円、首都高速を走る都バスがあった？

前項で紹介した港南車庫の〈波01出入〉系統や東京ビッグサイトのイベント時に運行される〈国展04〉系統は、レインボーブリッジを経由して品川駅港南口とお台場地区を結んでいる。ただしこれらはいずれも、2階建てのレインボーブリッジ下層の一般道を走っており、羽田空港に向かうリムジンバスのように上層の首都高速道路を走るわけではない。ところが、かつて都バスには正真正銘の首都高速道路を走る路線があった。

首都高速道路の開業は1962（昭和37）年の京橋～芝浦間に始まる。東京オリンピックを控えて環状線と1号羽田線の工事が進められ、オリンピック後には5号池袋線、3号渋谷線、2号目黒線が延伸されていった。当時まだマイカーの所有は一般的ではなく、首都高速道路を走るクルマも少なかった。そこで交通局は1967（昭和42）年、東急バスと相互乗り入れで東京駅丸の内南口～渋谷駅前～桜新町間に運行していた〈東83〉系統に、開通したばかりの首都高速3号線経由を新設。世田谷区の住宅地から霞が関・丸の内に通う通勤客の利便を図った。ダイヤは平日と土曜日の朝の東京駅行き、平日の夕方と土曜日の昼過ぎの桜新町行き、それぞれ数本で、都バスと東急バスが半分ずつ担当。通常の均一運賃とプラス10円の高速料金を収受した。

当初は好評だったことから、同じ東急バスとの相互乗り入れ路線、東京駅丸の内南口～目黒駅前～等々力間〈東98〉系統にも、首都高速2号線経由を新設した。しかし、次第に首都高速道路の混雑が激しくなり、一般道経由に比べた速達性のメリットを喪失。東急新玉川線（現・田園都市線渋谷～二子玉川間）の開通により利用者が減少した〈東83〉は、1979（昭和54）年に一般道経由ともども廃止。〈東98〉も1987（昭和62）年に首都高速経由の運行を終了した。

一方、東京湾の埋め立てが進められるなか、1976（昭和51）年には首都高速湾岸線大井～13号地（現・臨海副都心）間に、東京港トンネルが開通した。13号地の輸送を担っていた都バスは1982（昭和57）年、この東京港トンネルを経由する品川駅東口（現・港南口）～13号地～門前仲町間の〈海01〉系統を運行開始。こちらは終日運行のダイヤで、プラス10円の高速料金は設定されなかった。しかし、湾岸線の延伸とともに東京港トンネルの渋滞が慢性化。りんかい線（東京臨海高速鉄道）が全通した2002（平成14）年に東京テレポート駅前以南が廃止された。

近年は中央環状線の全通により、首都高速道路全体の渋滞が緩和されつつある。たとえば、足立区西部のハートアイランドと新宿・渋谷を結ぶなど、福岡市や名古屋市などで定着しているような通勤・通学高速バスのニーズは、都内にも潜在しているように思われる。

都バスも運行しているコミュニティバス

コミュニティバスとは一般に、地方自治体が運営主体となって運行する路線バスのことをさす。ならば都バス全体がコミュニティバスではないかと言われるかもしれないが、東京都交通局は地方公営企業法の適用下にあり、東急バスや西武バスなどの民営会社と同じように、あくまでもバス事業者のひとつである。コミュニティバスの代表的存在である東京都武蔵野市の「ムーバス」の場合、運営主体が武蔵野市、運行受託事業者が関東バス・小田急バスとなっている。

コミュニティバスの多くは民営会社が運行を受託しており、公営バスが運行している例は全国的に見てもきわめて少ない。そんななか都バスは、江東区のコミュニティバス「しおかぜ」の運行を受託している。3カ月間の試験運行を経て、2005（平成17）年から本格運行を開始した。

JR京葉線の潮見駅前を起点として、辰巳・潮見・枝川地区の交通空白地域を循環する路線だ。運賃は一乗車100円均一。担当の深川営業所に配置されている専用の小型CNG（圧縮天然ガス）バス1台は、江東区が購入したもので、本章冒頭の都バス車両数には含まれていない。ただし予備車がないので、点検などの際は深川営業所の都バス一般車両が代走している。

もうひとつ、かつては台東区のコミュニティバス「めぐりん」の運行も受託していた。台東区浅草地区の交通空白地帯に路線を設け、2001（平成13）年から運行を開始。台東区の購入した専用の小型レトロ調バス3台が、担当の南千住営業所に配置された。しかし2004（平成16）年、新たに日立自動車運輸が運行を受託し、3台の専用車も同社へ移籍している。

コミュニティバスとは異なるが、台東区と協調した路線バスとして、1981（昭和56）年から上野広小路～浅草雷門間に登場した2階建てバスがある。高度経済成長期の浅草の繁栄を取り戻すべく、浅草復興の目玉として台東区が計画。交通局が運行を受託し、南千住営業所が担当した。日本初の2階建て路線バスは大人気となり、乗り場には毎日長蛇の列ができた。これを受けて江戸川区も1989（平成元）年、小岩駅前～葛西臨海公園駅前間で2階建てバスの営業をスタート。こちらは都バス臨海営業所が2台、京成バス江戸川営業所が1台の運行を担当した。しかし、国内に2階建てバスが増えるにつれて乗客が減少。江戸川区は2000（平成12）年、台東区は2001（平成13）年に運行を終了した。

また中央区は1992（平成4）年、区内の観光振興を目的として、観光路線の「銀ブラバス」を開業。東京駅八重洲口を起点に、平日と土曜日は銀座地区、中央通りが歩行者天国となる日祝日は晴海や月島を循環させた。専用の大型レトロ調バス3台の運行を都バス深川営業所が担当した。しかし、次第に利用が落ち込んだことから、2000（平成12）年に運行を終えている。

実は「はとバス」の運転手が乗っている都バスがある？

コミュニティバスの運行は、自治体から交通局が受託しているものだが、都バス自体の運行を民営会社に委託する「管理委託」も行われている。管理委託とは、道路運送法にもとづいて、路線やダイヤの作成などは交通局が行うものの、車両や営業所施設などを民営会社に貸与し、運転・運行管理・車両整備の業務を一体として民営会社に委託するものだ。民営会社は交通局とは異なる条件で社員を雇用しているため、管理委託によって交通局の経営効率化が図れる。採算性の良くない路線の管理を委託することで、路線の維持やダイヤの改善が図れるのである。

管理委託はまず2003（平成15）年、杉並営業所（現・杉並支所）を対象に行われた。委託先は、東京都が37・9％を出資するはとバスに決まった。これが一定の経営改善効果を生んだことから、2004（平成16）年には臨海営業所（現・臨海支所）、2006（平成18）年には青戸支所、2008（平成20）年には港南支所、2009（平成21）年には新宿分駐所（現・新宿支所）が、それぞれはとバスに管理委託された。これらの支所の運転手・整備士・事務員などは、都バスの制服を着ているが、はとバスの社員である。たとえば、23区内最長路線〈王78〉系統は杉並支所の担当だから、ハンドルを握るのははとバスの運転手なのである。したがって、これらの支所で働く人たちは交通局からの出向者を除き、本章冒頭の職員数には含まれていない。

管理委託の開始にともない、委託営業所で採算性の良い路線を直営営業所へ、直営営業所で採算性の良くない路線を委託営業所へ、担当路線の持ち替えが行われた。この10年ほど都バス路線の担当営業所が目まぐるしく変わったのは、こうした管理委託の進行と無関係ではない。

ところで、管理委託は今日、東京都だけではなく、多くの公営バスで行われている。たとえば関東地方では、川崎市バスが上平間《かみひらま》営業所を臨港グリーンバスに、菅生《すがお》営業所を相模神奈交バスに管理委託している。関西の京都市バス、大阪市バス、神戸市バス、東北の仙台市バスでも管理委託が行われ、私鉄系の民営バス会社やJRバスなどが運行を担当している。市バスブランドを背負ってハンドルを握る運転手の意識は高く、全体的に接遇レベルも高い。それが公営バス本体にも刺激となり、公営バス自体がサービスの改善に努める好ましい状況が生み出されている。

しかしこの管理委託、もともと公営バスが始めたものではない。西鉄バス（西日本鉄道）が1991（平成3）年、郡部の不採算路線を分社子会社8社に管理委託。これを皮切りに、奈良交通、北海道中央バス、神奈中バス（神奈川中央交通）などが続いた。都バスを上回る規模を持つ2つのバス会社は、経営施策の面でも、常にバス業界をリードしているのである。

都バスの暗号を解読しよう（その1）系統番号の意味を知る

都バスの路線には系統番号がつけられている。本書でもここまであたり前のように、路線を系統番号で呼んできた。では、この系統番号はどのようなルールでつけられているのだろうか。

都バスの一般路線の系統番号は、漢字1文字＋数字2桁が原則。これは1972（昭和47）年に東京バス協会が制定したもので、以後、民営バス会社も含め、東京の路線バスの系統番号はこのスタイルとなっている。ただし、事業者ごとに独自のルールがあり、例外も存在する。都バスの場合、系統番号の漢字（英字）と数字は、表1-2のような意味を持っている。

漢字が示しているのは、路線の起点または終点の駅名・ターミナル名。頭文字を原則とするが、目白と目黒、新宿と新橋など、重複する場合は2番目の文字をとっている。新小岩や葛西、西葛西のように、2文字をつけているものもある。また例外として、〈品93〉〈白61〉〈端44〉などは、途中駅の略字がつけられている。これらは途中駅を挟んで路線の性格が異なるため、双方の乗客にわかりやすいよう配慮されたものだ。さらに「臨海」は葛西臨海公園駅だけでなく臨海車庫発着路線にもつけられ、「梅」は発着駅にかかわらず青梅地区の路線すべてにつけられている。

特殊路線の漢字も、起終点の駅を示すものではない。築地中央市場に乗り入れる路線には「市」、

【表1-2】現在の都バスの系統番号とその意味

●漢字・英字

起終点の駅名・特殊路線の略号	
S	観光（sightseeing）
FL	フレキシブルバス(flexible)
AL	アクセスラインバス(accessline)
急行	ラピッドバス
直行	ダイレクトバス
都	都市新バス
学	学バス
深夜	深夜バス
劇	劇場バス
艇	江戸川競艇場送迎バス
国展	東京ビッグサイト臨時バス
晴	晴海会場臨時バス
臨	その他の臨時バス
江東	江東区コミュニティバス
C・H	都庁（city hall）
RH	六本木ヒルズ
市	築地中央市場
豊洲	豊洲
海	お台場（13号地）

起終点の駅名・特殊路線の略号	
波	中央防波堤
業	とうきょうスカイツリー(業平橋)
東	東京
両	両国
錦	錦糸町
亀	亀戸
平	平井
新小	新小岩
門	門前仲町
陽	東陽町
木	木場
西葛	西葛西
葛西	葛西
臨海	葛西臨海公園
船	船堀
草	浅草
秋	秋葉原
上	上野
里	日暮里

起終点の駅名・特殊路線の略号	
端	田端
王	王子
北	北千住
池	池袋
白	目白
茶	御茶ノ水
飯	飯田橋
早	早稲田
高	高田馬場
宿	新宿
渋	渋谷
黒	目黒
反	五反田
橋	新橋
浜	浜松町
田	田町
品	品川
井	大井町
梅	青梅

●数字

路線の延びる方面・特殊路線の識別	
00番台	特殊系統・臨時系統
10番台	銀座・晴海方面
20番台	京葉道路・江東方面
30番台	水戸街道・葛飾方面
40番台	日光街道・足立方面
50番台	中山道・板橋方面
60番台	池袋・練馬方面
70番台	新宿・中野・杉並方面
80番台	渋谷・世田谷方面
90番台	京浜国道・目黒・大田方面

●枝号

同一路線内の枝系統の識別	
甲	途中経路や終点の異なる系統
乙	
丙	
丁	
-2	
折返	途中折り返し系統
出入	出入庫系統

13号地と呼ばれたお台場地区に路線を新設したときには「海」が付された。浜松町駅前とお台場地区を結ぶ路線には「虹」（レインボーブリッジ経由）、錦糸町駅前〜新木場駅前間のホリデー路線には「夢」（夢の島経由）が冠されたが、路線廃止や区間変更などにより現存していない。

臨時路線には「国展」「晴」「艇」など、送迎先の施設名がつけられている。国立劇場の演劇が跳ねたときに走る劇場バスは「劇」、学生の福利厚生のための学バスは「学」である。1984（昭和59）年からスタートした都市新バスは、既存の系統番号を廃止して「都」に統一（111ページ参照）。1988（昭和63）年に運行開始した深夜バスは、昼間の系統番号とは分けて「深夜」とした。都庁の新宿移転に合わせて1991（平成3）年に登場した都庁循環は、City Hallの頭文字「C・H」となり、初めてアルファベットが使用された。以降、きめ細かなバスサービスを提供するために特殊路線の開業が相次ぎ、ラピッドバスの「急行」、ダイレクトバスの「直行」、観光路線バスの「S」、フレキシブルバスの「FL」、アクセスラインバスの「AL」が加わっている（120ページ参照）。

こうした特殊路線には、01〜09の1桁番号が与えられている。しかし、それ以外の一般路線では、2桁の数字が路線の延びる方面を表している。たとえば東京駅を見ると、〈東15〉〈東16〉が晴海方面に延びている。〈東20〉〈東22〉は木場・東陽町から錦糸町をめざす。〈東42甲〉〈東43〉

は荒川区内・足立区内が終点だ。このように、数字の意味を知ることで、頭の漢字のターミナルから、東西南北のおおよそどちら方面に向かう路線なのか、見当をつけることができるのだ。

しかし、ここにも例外がある。新宿駅西口発の〈宿91〉は新代田駅前行きで、本来は70番台か80番台となるべき路線だ。これは前記したように、かつて大森まで延びていた路線が短縮を重ねた結果、番号と合わなくなったことが理由である。新代田駅前を通るもうひとつの路線〈渋66〉も、本来は70番台となるべきところだ。こちらは渋谷駅発着の民営バスに、方面別に系統番号をつける統一ルールがあり、相互乗り入れする京王バスとともにこれに従っているためである。

ところで、都バスの場合、起終点間を完走する便に加え、一部で異なる経路をとる便や途中で折り返す便も、ひとつの系統番号にまとめられている。たとえば、都バス最長路線の青梅車庫前～花小金井駅北口間〈梅70〉には、箱根ケ崎駅前に寄る便があるほか、青梅車庫前～小平《こだいら》駅前、青梅車庫前～東大和駅前、大和操車所前～花小金井駅北口の区間便も含まれている。しかし、経路の異なる区間の需要がとくに多い路線や、途中で分岐して終点が異なる路線など、系統番号を分けたほうがわかりやすい場合もある。民営バスのなかにはそれらに別の系統番号をつける例も見られるが、都バスでは系統番号の末尾に枝号をつけて識別できるようにしている。

枝号には従来、十干が使われてきた。現在、枝号が最も多いのは、運行回数の少なさ2位・3

位として紹介した〈梅77〉で、「甲」「乙」「丙」「丁」の4つの系統がある。しかし、近年は十干が一般に使われなくなったこともあり、数字がつけられたものが増えつつある。「甲」と「乙」以下は経路が部分的に異なることが原則だが、なかには〈東42甲〉と〈東42乙〉、〈木11甲〉と〈木11乙〉のようにまるで形が異なり、別系統にしたほうがよいのではないかと思われるものもある。

また、末尾に「折返」がつけられた路線は、途中折り返し系統を本系統に含めず、分けたものである。〈梅77甲〉にはさらに〈梅77甲折返〉があるが、これは単なる途中折り返しではなく、「甲」の経路の一部を含む循環系統である。〈錦13折返〉も本系統のごく一部しか通らないうえ、起終点とも本系統とは異なっている。さらに、末尾に「出入」がつけられたものは出入庫系統で、本系統と担当営業所を結ぶものなので、本系統とはまったく別の路線といってよいだろう。

バスの表示器が方向幕だった時代にはさらに、色分けによる差別化も行われていた。たとえば、晴海通りを走る都市新バスは、〈都03〉が水色、〈都04〉が緑色、〈都05〉がオレンジ色の方向幕を掲げ、遠くからでも識別が容易だった。２００５（平成17）年から順次ＬＥＤ表示器が普及し始め、色分けはできなくなったが、半面、デザインの自由度は高まった。このため、〈梅01〉玉《ぎょく》堂《どう》美術館循環には沿線に咲く梅の花の絵、〈草63〉入庫便と〈草63-2〉には終点にあるとげぬき地蔵の絵、〈王49折返〉のハートアイランド経由と〈王55〉にはハートのロゴマークが系統番号

青梅地区で土日祝日に運行される観光路線〈梅01〉は、系統番号とともに梅の花の絵が表示される

に添えられている。

ちなみに都バスは、１９２４（大正13）年に市バスとして創業したときから系統番号が採用されていた。当時は数字だけで、１からの連番とされ、都バスとなった戦後もそれが引き継がれた。やがて路線が多様化するにしたがい、学バスには50番台、民営バスとの相互乗り入れ路線には１００番台、劇場バスなどの臨時路線には２００番台、荻窪～青梅間などの都バス単独長距離路線には３００番台が与えられた。１９６０年代に入り都電・トロリーバスの撤去が開始されると、都電代替路線には５００番台、トロリーバス代替路線には６００番台が与えられた。そして１９７２（昭和47）年、荒川線を残して都電

が全廃されたとき、現行の系統番号が採用された。

民営バスのなかには同じルールの付番を東京都以外に拡大した会社もあり、このスタイルの系統番号は1都3県でかなり定着した。しかし、漢字の交じった系統番号は外国人には理解しづらく、東京オリンピックを前に問題視する声が高まりつつある。筆者の意見としては、沿線に定着した現行の系統番号はそのままに、〝ＡＫＢ方式〟の英字を追記してはどうかと思う。アイドルグループ「ＡＫＢ48」は秋葉原、「ＳＫＥ48」は名古屋の栄《さかえ》、「ＮＭＢ48」は大阪の難波を拠点としている。同じように、〈宿91〉は〈ＳＮＪ91〉、〈渋66〉は〈ＳＢＹ66〉と駅名・ターミナル名の子音を並べて併記すれば、重複もなく、日本人にも外国人にもわかりやすいと思うのだが…。

都バスの暗号を解読しよう（その2）局番の意味を知る

都バスの車両をよく見ると、フロントガラスとリヤガラスのすぐ下に、前項の系統番号とはまるで違うアルファベット＋3桁の数字が書かれている。また、左側面の前扉の後ろと右側面の運転席の後ろにも、ハイフンで結ばれた2つのアルファベットと3桁の数字、カッコ書きの地名が記されている。ハイフンの前のアルファベットは営業所記号と呼ばれ、ハイフンの後と前面・後面のアルファベット＋3桁の数字は局番と呼ばれている。それぞれの意味は表1-3のとおりであり、１４００台を超える都バスの車両を管理するうえで、とても大切なものなのだ。

営業所記号が制定されたのは戦後まもなくのこと。品川をＡとして、渋谷＝Ｂ、新宿＝Ｃ、堀之内＝Ｄ、小滝橋＝Ｅ、練馬＝Ｆ、大塚＝Ｇ、千住＝Ｈ、新谷町《しんたにまち》＝Ｋ、江東＝Ｌと時計回りにアルファベットが割り振られた。その後、都バス路線の拡大とともに、目黒＝Ｍ、滝野川＝Ｎ、巣鴨＝Ｐ、東荒川＝Ｒ、洲崎＝Ｓ、戸山＝Ｔ、今井＝Ｕ、葛西＝Ｖ、青梅＝Ｗ、八王子＝Ｘ、志村＝Ｙ、青戸＝Ｚが加わる。さらに、堀之内、新谷町、洲崎、戸山は移転されて杉並＝Ｄ、南千住

【表1-3】現在の都バスの局番とその意味

●1番目のアルファベット

所属営業所・支所	
A	品川営業所
B	渋谷営業所
C	渋谷営業所新宿支所
D	小滝橋営業所杉並支所
E	小滝橋営業所
F	北営業所練馬支所
H	千住営業所
K	南千住営業所
L	江東営業所
N	北営業所
P	巣鴨営業所
R	江戸川営業所臨海支所
S	深川営業所
T	早稲田営業所
V	江戸川営業所
W	早稲田営業所青梅支所
Y	品川営業所港南支所
Z	南千住営業所青戸支所

●2番目のアルファベット

購入年度	
H	2001年度
K	2002年度
L	2003年度
M	2004年度
N	2005年度
P	2006年度
R	2007年度
S	2008年度
T	2009年度
V	2010年度
W	2011年度
X	2012年度
Y	2013年度
Z	2014年度
A	2015年度
B	2016年度

●数字

用途・仕様	
001～049	観光バス
050～099	小型路線バス
100～799	大型（中型ロング）路線バス
800～899	中型路線バス
900～999	特定バス

1960年代前半の都バス車両。営業所記号（C＝新宿）の後ろに登録番号をそのまま表記した局番だった

＝K、深川＝S、早稲田＝Tに、東荒川は江戸川を経て臨海＝Rに、滝野川と志村は統合されて北＝Nに、葛西は改称されて江戸川＝Vになった。大塚、目黒、今井、八王子は廃止され、港南＝Yが新設された。なお、数字と紛らわしい文字、発音が似ている文字は使用されなかった。

戦後しばらくは営業所記号の後に、ナンバープレートの登録番号をつけて局番としていた。バスの登録台数が増えると、ナンバープレートの事業用を示す平仮名が「あ」だけではなくなり、番号部分が重複するようになった。このため局番にも、「あ」「い」などの平仮名が添えられた。しかしさらに、都内の陸運事務所が増設されるに至り、営業所間での車両異動の際には登録番号が変わってしまう事態となり、登録番号を局番としていては管理に不都合が生じてきた。

現在の都バス車両。営業所（S＝深川）、購入年度（Z＝2014年度）を示すアルファベットと3桁の数字が表記されている

そこで1966（昭和41）年、将来の車両管理業務のコンピュータ化も見据えて、アルファベットと3桁の数字による新たな局番が制定された。アルファベットは車両の購入年度を示し、こちらも数字と紛らわしいI、J、O、QおよびUが除かれた。局番制定時に最古参だった1957（昭和32）年度購入車をAとして順番に付番。都電代替輸送のために購入車両の多かった1965（昭和40）・1967（昭和42）～1969（昭和44）・1971（昭和46）年度はアルファベットを2つずつ使い、1972（昭和47）年度購入車がZ。購入車両の少なかった1973（昭和48）・1974（昭和49）年度を併せてAとし、以後は毎年ひとつずつ文字があてられた。2016（平成28）年度購入車は4順目のBとなるが、アルファベットは年度を示すものなので、2016年1～3月の購入車に

は2015年度の記号Aがつけられるというしくみだ。

3桁の数字のほうは当初、バスのタイプを示すものだった。001〜099が観光バス、100〜399がツーマン車（中扉しかなく車掌が乗るバス）、400〜699がワン・ツーマン兼用車（前中扉だが車掌用の装備があるバス）、700〜999がワンマン専用車とされていた。しかし、ワンマン化の進行によりツーマン車が全廃される一方、特定バス（養護学校等のスクールバス）や中型・小型の路線バスが加わったため、現行の付番方法に変更されている。

局番は車両の4面すべてに表記され、側面のみ営業所記号が頭につけられている。また、営業所記号とは別に、局番の後ろにカッコ書きで営業所名が漢字表記されるようになった。「局番なんてバスマニア以外には関係ない」と思われる方もいるだろう。しかし、乗車したバスの局番が頭の隅に残っていれば、万が一、車内に忘れ物をしたとき、きっと速やかに手元に戻るだろう。

都バスの路線はこうしてつくられる！

都区内と多摩地区に129系統が運行されている都バス。それらの路線は、どのような理由で開設されたのだろうか。また新路線を開設するには、どのような手順が必要なのだろうか。

創業時の東京市バスは、関東大震災で大きな被害を受けた市電の代行を目的としており、その路線は市電の路線をなぞるものだった。しかし、市電の全線復旧後も市バスを存続することが決まると、市電とは異なる経路の交通需要に応え、市電を補完した。都バスとなった戦後は、人口の郊外移転が進んだため、旧東京市のエリアを越えて路線を拡大。１９６０年代には、廃止された都電・トロリーバスの代替路線が加わった。地下鉄をはじめとする都心の鉄道ネットワークが形成され始めると、それらと競合する路線を順次廃止。１９８０年代以降は、開発が進む港湾埋め立て地に新たな路線を開設した。こうして運行されているのが、現在の１２９系統というわけだ。

近年の路線新設は、再開発で誕生した大規模住宅や大型複合施設、大型医療施設と鉄道最寄り駅を結ぶものが中心。乗客の潮流の変化に合わせ、公共交通ネットワーク全体の利便性や効率性を考慮しながら、交通局が判断している。もちろん、採算的にも見合うものであることは大切。ただし都バスの場合、公営交通という性格上、時には公共福祉的な路線開設を求められることもある。そんなときは、区や市といった地元自治体からの金銭的な補助を前提に路線を開設する。開発途上の港湾埋め立て地の路線は、東京都港湾局の補助により開設された。

路線開設が決まると、走行環境を整えるために、交通管理者である警視庁や道路管理者である東京都建設局などの関係機関と協議を行う。たとえば、右折禁止の交差点をバスだけ右折できるようにするためには警視庁、停車中のバスが交通を妨げないようにバス停部分の歩道を切り込んでもらうためには建設局との協議が必要になる。バス停の設置では関係機関だけでなく、バス停前の商店や民家との協議も行われる。毎日少しずつバス停をずらし、自宅前まで運ぶ落語の枕があるが、近年は騒音やゴミのポイ捨てなどの問題から、バス停はむしろ嫌われものなのである。

一般的には使用車種の決定も行われる。たとえば、沿線に病院や高齢者施設があればノンステップバス、経路に狭隘区間があれば中型車や小型車を使用するなど。都バスは現在、ごく一部を除いて大型ノンステップバスに統一されているため、車種選択は行われないが、かつて中型車が採用された際、これを使って狭隘路経由の回送経路に短縮した〈草41〉系統の例などもある。

最後に、利用者のニーズに合わせたダイヤを決定。道路運送法にもとづく監督官庁である国土交通省に、乗合バス路線開設の許可申請を行い、認められれば新路線の運行開始となる。

都バスのダイヤはこうしてつくられる！

路線の新設時には、運行ダイヤの決定も重要な作業となる。また既存路線についても、繰り返しダイヤの改正が行われている。都バスのダイヤは、どのように決められているのだろうか。

ダイヤの設定において最も大切なのは、乗客の潮流を把握することだ。たとえば、通勤通学時間と日中、夜間では乗客数が異なるし、平日と土曜日、日祝日でも利用状況に差が生じる。バスは鉄道車両と異なり、乗客が多いからと言って何両も連結することはできない。したがって、乗客の潮流の違いには、運行本数の増減によって対応することになる。

所要時間の決定も難しい。バスは乗降のない停留所は通過。また専用の走行路ではなく、公道を一般車両に交じって走っている。時間帯や曜日によって、途中のバス停で乗降する人の数は異なるし、道路の混雑状況も違ってくる。さらに、雨の日や五十日、スーパーの特売日に至るまで、ごく限られた日に乗客数や道路状況が変化する要因は尽きない。したがって、平均値を参考にしながらも、時間帯や曜日の違いによる乗客数と走行環境の変化を詳しく調査して実態を把握。これに若干の余裕時分を加えて、所要時間を設定している。

結果として現在、都バス路線には原則として、平日、土曜日、日祝日の3パターンのダイヤが用意されている。また、所要時間は曜日や時間帯により、きめ細かく変えられているのが特徴だ。たとえば、郊外の私鉄駅を起点とする民営バスの住宅地路線は、急行電車などに接続するため20分などの等間隔のダイヤを設定し、渋滞もほとんどないので途中停留所でも同じ間隔が維持されている場合が多い。しかし都バスの場合、たとえ起点を等間隔で発車しても、走行環境を加味したダイヤなので、途中停留所の時刻は1分、2分とずれていく。その折り返しとなるので、起点の発車時刻そのものも、毎時少しずつ異なる形になる。等間隔でない時刻は覚えにくいかもしれないが、走行環境に即しているので、大きな遅れが生じる確率が少ないメリットがあるのだ。

運行本数・所要時間の設定と並行して、車両の運用も作成される。ほとんどの路線では朝の通勤通学時間が乗客数・運行本数のピークなので、このとき必要な車両数を用意しなければならない。路線新設の際は、その必要車両数を増備することになるが、車両の価格は高く（大型ノンステップバスで1台2500万円以上）、予算は限られていることから、不採算路線のダイヤを見直すことにより、車両を捻出する場合もある。3章ルポで紹介する観光路線の「東京▼夢の下町」ですら、新車購入ではなく在来車両の改造で賄われたのである。

乗務員の運用も作成される。バスは始発から最終まで、1台を1人の運転手が運転するわけではない。法規制や労働組合との協定にもとづき、乗務時間や休憩時間が決められている。1980年代までの都バスは担当車制をとっており、1台1台のバスに2人ずつ、乗務する運転手が決まっていた。このシステムは運転手がバスをマイカーのように大切にし、不具合の発見なども早いという長所がある。しかし半面、バスと運転手が一緒に動くことで回送が増えたり、2人のうち1人が公休だとバスが半日遊んでしまったりという非効率な側面も持っている。都バス車両に中型車や低床車などが加わると、それらの担当運転手は同じ路線やダイヤばかりに乗務しなければならないという不平等も生じてきた。そこで1990年代に入ると、都バスも鉄道と同じように、すべての車両にすべての運転手が乗務するフリー担当制を採用。現在では、車両と乗務員の運用は切り離されている。さらに、運転手の交代や休憩、混雑時と閑散時の境での台数の調整などのため、日中に生じる出入庫ダイヤも、なるべく回送にせず、営業運転するよう努力が払われている。

たとえば、いまをときめくとうきょうスカイツリー駅前に立ち、〈業10〉系統の時刻表を眺めてみる。〈業10〉系統は新橋行きだが、平日8時台は10本中4本、9時台は6本中3本が深川車庫前行きで、朝のラッシュ輸送を終えたバスが営業所に帰っていく。また11時台や13時台にも深川車庫前行きがあり、午前番と午後番の運転手が交代することがわかる。さらに〈業10〉では深川営業所に近い豊洲駅前で、運転手の途中交代も行われている。車両は終日ダイヤに貼り付けておき、運転手だけを交代させることで、出入庫ダイヤそのものを最小限に抑えているのである。

こうして完成する各路線のダイヤだが、沿線の様子が変化すれば、新たな乗客の潮流と走行環境に合わせたダイヤ改正を行わなくてはならない。沿線に大規模住宅が完成すれば増発する必要があるし、並行する地下鉄が開業すれば減便せざるを得ない。地下鉄開業による乗客数の変化の予測は難しいようで、たとえば池袋と渋谷を結ぶ〈池86〉系統は、東京メトロ副都心線の開通とともに減便されたが、混雑が激しいため再び増便されている。また新宿～飯田橋～秋葉原を結んでいた〈秋76〉系統は、都営大江戸線の延長により廃止されたのち、〈飯62〉系統が新設されて大久保～飯田橋間が復活している。いずれも、高齢者やベビーカーを使用する世代などを中心に、上下移動が多く乗降しづらい地下鉄を嫌い、手軽な路上交通である都バスが支持され続けたためである。

ところで、ダイヤの作成や車両・乗務員運用の作成は、1980年代初めまですべて手作業で行われていた。しかし、1982（昭和57）年の運行管理・事務管理のシステム化以降、あらゆる業務のシステム化が進められ、新たなシステムへの更新も行われてきた。事務管理のサブシステムとして稼働してきたダイヤ管理システムは、2006（平成18）年に再構築され、各営業所での作成から本局での一元管理に改められた。現在では、停留所管理情報、時間帯別の所要時分、起点から終点までの営業キロ、車両数などの情報をもとに、パソコンの画面上で迅速に効率よくダイヤを作成。あわせて、車両の運用計画や運転手の勤務計画の作成も行われている。

昔ながらの丸板はもはや少数派？　バス停標柱のいろいろ

都バスの停留所が1546カ所あることは、本章の冒頭で紹介した。バス停の標柱は基本的に両方向に立ち、ターミナルにはいくつもあるので、その数は3813基に及ぶ。しかし、ポールの先に丸板という昔ながらのものや二本脚の角板タイプなど、非電照式は1431基にまで減少した。

乗客サービスの向上と防犯を兼ねて、都バスでは1972（昭和47）年から電照式の標柱の設置を開始。現在では2382基まで増加している。さらに1982（昭和57）年の早稲田営業所管内を皮切りに、バスの接近が表示されるバスロケーションシステムつき標柱の採用を開始。2003（平成15）年に簡易型バス接近表示器が導入されると急速に数を増やし、現在では849基になんらかの接近情報が表示される。並行して1974（昭和49）年から上屋の設置も開始。現在では1399カ所に上屋が設けられている。この上屋の車道面や側面に壁を設け、企業などの広告を掲載するものが2007（平成19）年に登場。現在は100カ所がこの形である。

都バスの停留所もまた進化を続けており、昔ながらの丸板はごく少数になりつつある。筆者と同世代の人間に「バス停の絵を描いてみて」と言えば、いまもほとんどが丸板に縦棒を描くに違いないが、同じことを東京の子どもたちに頼んだら、いったいどんな絵を描くのだろうか。

1970年代初めに登場した電照式の標柱。現在では全体の6割を超えている

非電照式も昔ながらの丸板ではなく、みんくるマークがついた四角い二本脚の標柱が多い

上屋の設置も進められており、企業広告が掲出されているものもある

1980年代初めに採用されたバスロケつきの標柱。システムの更新などを経て増設が続けられている

バス待ちのイライラを解消するバスロケーションシステム

3813基ある都バスの停留所標柱のうち、849基に表示されるバスの接近表示。バスに数分の遅れが生じることはよくあり、現れないバスを待つ間はイライラが生じる。また通過時刻を少し過ぎてバス停に着いたときは、バスがもう出たのかまだなのか、不安な気持ちになる。こうしたイライラや不安を解消してくれるのが、バスロケーションシステムによる接近表示だ。

東京では1978（昭和53）年に新宿駅西口バスターミナルが改築された際、都バスと東急、京王、関東、西武の各社が共同でバスロケーションシステムを試験導入した。これは東京バス協会が主体となり、国と都から補助金の交付を受けて設置したもので、バスが接近すると、各乗り場の上屋から下げられた系統番号・行き先表示の横のランプが点灯するしくみだった。

1982（昭和57）年には都バス独自のバスロケーションシステムを開発。これは路線上の主要地点に路上機と呼ばれる装置を設置し、電磁誘導無線によってバスを感知するものだった。標柱には手前3停留所間のバスの接近状況が黄色のバスマークで表示され、あわせて音声による案内も提供された。まずは早稲田営業所管内の〈池86〉〈上58〉〈早77〉系統を対象に、起終点と主要停留所の標柱に設置されたのち、他の営業所管内にも少しずつ普及していった。1984（昭和59）年の都市新バスの開業とその後の拡大により、急速にその数を増やしたが、検知タイミングが路上機を通過するときに限られるため、微妙にタイムラグが生じるという欠点があった。

1999（平成11）年にはシステム更新が行われ、第二世代のバスロケーションシステムが登場する。これはバスの車内放送の音声合成装置から系統・行き先・停留所通過情報を取得し、デジタルMCA無線によって本局の中央処理装置に送信。そのデータは中央処理装置から接近表示器のある停留所に送信される。標柱には手前3停留所間のバスを伝えるLEDのバスマーク、到着までの時間、主要停留所や終点までの所要時間が表示され、音声による案内も提供された。タイムラグは縮小されたもののまだ残り、無線局エリアの関係で青梅管内が対象外だった。

現在のバスロケによる接近表示。主要停留所までの所要時間も表示される

2003（平成15）年には簡易型バス接近表示装置を導入。これはバスロケーションシステムのデータを、携帯電話のパケット通信を介して停留所に送信するものである。バスの接近は1桁の数字で示され、3停留所前に接近すると「3」、2停留所前接近で「2」、1停留所前接近で「1」

を表示。1停留所前を出ると「0」が点滅し、まもなく到着することを知らせるしくみだ。装置単価が比較的安く、既存の停留所標柱や上屋に後付けできるというメリットもあることから、同年から現在までに600基以上が設置されている。

現行のシステムは2012（平成24）年から採用。都バス車両にGPS、NTTドコモのFOMA携帯電話網、無線LANのアンテナが搭載された。車載装置はGPSを使って現在位置を毎秒測位。位置データと照合し、停留所への到着・発車時刻を判定したうえ、FOMA携帯電話網を介してセンターサーバーに通知する。センターサーバーからは再びFOMA携帯電話網を介して、データを停留所標柱に転送。接近表示装置つきの標柱には手前3停留所間のバスを伝えるバスマーク、到着までの時間、主要停留所や終点までの所要時間、簡易型接近表示装置つき標柱にはバスの接近に応じて「3」「2」「1」「0」の1桁数字が表示される。NTTドコモの回線を利用したことによりデータがほぼリアルタイムとなり、青梅管内でも通信可能になっている。

簡易型バスロケによる接近表示。バスが何停留所手前にいるかを数字で示す

なお、バスロケーションシステムの情報はもちろん、各営業所にも送信されている。現行システムでは運行監視モニターに、①バスの停留所間の位置情報が従来からの形式で表示され、路線全体の状況が把握できる「クラシックモード」、②GPSで測位した位置情報がGoogle Map上に配置される「マップモード」、③車内で緊急ボタンが操作されると運行監視モニターのマップ画面が自動的に開き、その車両の現在地を追跡し続ける「緊急発報モード」の3つのモードが映し出される。さらにバスが入庫すると、車載装置が測位した出庫から入庫までの走行中の位置データが、無線LANによって自動的に営業所に送信され、システムに収集されている。

また、2003（平成15）年の簡易型バス接近表示装置の導入とともに、パソコンや携帯電話からバスの時刻表や位置情報、到着予測時間、目的停留所までの所要時間などを閲覧できる「都バス運行情報」（tobus．jp）の配信を開始。2013（平成25）年には増加するスマートフォン利用者を対象に、スマートフォンに最適化したサイトの公開も開始した。さらに同年12月、渋谷営業所管内の〈都01〉〈深夜01〉系統で、車内でのWi-Fiサービスをスタート。これはNTTブロードバンドプラットフォームが提供しているもので、翌年3月には江東区コミュニティバスを除く都バスの路線バス全車両に拡大した。モバイル時代への対応も着々と進められているのである。

スマートフォンを活用して都バスを使いこなす！

従来はバス停に行かなければわからなかった都バスの発車時刻や位置情報が、２００３（平成15）年からインターネットで配信され、パソコンや携帯電話から確認できるようになった。さらに、２０１３（平成25）年にはスマートフォン利用者のニーズに特化したサイトも公開されている。そこで次に、スマートフォン用サイトの機能と使い方について紹介することにしよう。

交通局のトップページから「都営バスのご案内」を選ぶ（タップする）と、「時刻表」「路線図（みんくるガイド）」「運行系統一覧」「バスのりば」「経路検索」「運賃・乗車券・定期券」「営業所・窓口一覧」が表示される。まずは「時刻表」機能で、停留所の時刻を確認してみる。方法は「現在位置周辺から探す」「鉄道駅から探す」「系統から探す」と直接入力の4種類。「現在位置から探す」では現在地周辺の地図、「鉄道駅から探す」では選んだ鉄道駅周辺の地図に、そのエリアの都バス全停留所が表示される。目的の停留所を選ぶと、そこを通る系統・行き先が並び、目的の系統・行き先を選べば、発車時刻が確認できる。「系統から探す」では、地図上に並ぶその系統の全停留所または一覧表上のその系統の全停留所名から目的のバス停を選べば、発車時刻が確認できる。直接入力では地名を入力すると、その地名を含む都バス全停留所が表示される。目的

スマートフォン用サイトで時刻表を確認するには、「都営バスのご案内」→「時刻表」とタップすると4つの検索方法が表示される

の停留所、目的の系統・行き先を選べば、発車時刻が確認できる。表示される発車時刻は閲覧時刻の前後2時間分だけだが、表示の範囲を終日にすることも、曜日や特定の日付を選ぶこともできる。

続いて「経路検索」機能を使ってみよう。GPSを使って「現在地から出発」を選ぶこともできるが、ここでは出発地を「東京」とする。出発地には「バス停」「鉄道駅」「住所／スポット」のタグがあり、デフォルトでは「バス停」に設定。「東京」と入れて検索すると、「東京」を含む都バスのバス停すべてが表示されるので、高速バスターミナルがある「東京駅八重洲口」を選択してみる。目的地は「浅草」にしよう。目的地も「バス停」のタグがデフォルトで、「浅草」を含む都バスのバス停が表示されるので、浅草寺をめざして「浅草雷門」を選択してみる。以上で検索ボタンを押すと、現在時刻を基準に、地下鉄などすべての都営交通を使った経路が所要時間の短い順に表示されるので、所要時間と運賃などを比べ、好みの経路で移動すればよい。もちろん、任意の日付や時分を選び、それを出発時刻または到着時刻として検索することも可能。また「条件設定」を開き、「都営バス」だけに絞ったり、表示順序を「乗換回数」「運賃」に変更したりすることもできる。この区間の場合「条件設定」で「都営バス」に絞ると、東京駅八重洲口から〈東42甲〉に乗り、東武浅草駅前で降りて歩けば、目的地の浅草雷門に到着できることがわかる。

車内放送装置も〝すぐれもの〟な都バス

1999（平成11）年から2012（平成24）年まで、都バスの車内放送装置がバスロケーションシステムの位置情報の発信元だったことはすでに紹介した。実はいま、都バスの車内放送装置というのは、さまざまな機能をあわせ持つかなりの〝すぐれもの〟なのである。

そもそも車内放送装置は、1965（昭和40）年に行われたワンマン化の際に登場した。ただしワンマン化は急速に進行したため、当初は全車両に車内放送装置を搭載することができず、一部の車両では運転手が肉声で停留所名を案内していた。当時の車内放送装置は8トラックという形式で、運転手は毎日、その日走る路線のテープをバッグに入れて乗り込み、車内放送装置にセットしていた。停留所名や経路の変更があると、営業所では運用上必要な数のテープを手作業で切り張りしなければならなかった。1978（昭和53）年には早稲田営業所の車両に、自動的に案内放送が流れる装置を追加。これは前扉が開くと車外に行き先が、スピードメーターに取り付けたセンサーが発進から30mを検知すると車内に行き先と次停留所名が自動的に流れるという先進的なものだった。引き続き営業所ごとに増設されていき、全営業所の車両に拡大された。

1996（平成8）年には青梅・巣鴨・千住の車両に、初めて音声合成放送装置が採用された。これにより、停留所名の変更や広告放送の差し替えなどが自由に行えるようになった。1998（平成10）年の春までに、全営業所の車両の車内放送が音声合成に変更されている。

2006（平成18）年から、老朽化した音声合成放送装置の更新が開始された。このとき、新たに運行記録計としての機能とスターフ（運転手のその日の行路が記載されたもの）機能が追加された。運行記録計としての機能は、多くの死傷者を出したJR福知山線の脱線事故を受け、危機管理対策として追加されたもの。2008（平成20）年からはさらにレベルアップさせ、後方支援ソフトと合わせたエコドライブ管理システム（EMS）機能に変更されている。電子スターフ機能のほうは、本局の新ダイヤシステムの構築に合わせて追加されたもの。放送装置に所属営業所の全運行データを記憶させ、それを呼び出すことにより、車外3カ所の行き先表示器と車内前方の停留所名表示器の自動変更、各停留所の発車時刻の表示ができるようになっている。

新システムでは実運行時分を記録しているので、データ解析により計画時分との比較なども行える。乗降客カウント用のセンサーと合わせれば、各停留所の乗客数も集計できる。各系統に対応した運賃設定を運賃箱に送信し、運賃の設定ミスを防ぐ機能も持っている。いまや音声合成放送装置は、本来の放送機能だけでなく、ワンマン運転における中枢機器へと進化を遂げているのである。

ワンマン化当初の釣り銭は手渡しだった？　運賃箱のいまむかし

今日の都バスでは前述のように、運賃箱もまた運行管理システムのなかに組み込まれている。運賃箱は車内放送装置と同様、1965（昭和40）年に行われたワンマン化によって登場した。当時、都区内の都バス運賃は乗車区間によって変わる区間制をとっており、運賃の収受を簡単にするため、最初のワンマン化路線は短距離で1区運賃のみの9系統が選ばれた。当初の運賃箱には両替機能も釣り銭が出る機能もついていなかったので、運転手が釣り銭を持って乗務し、釣り銭が必要な乗客には手渡ししていた。このころ、都内の民営バス各社もワンマン化を進めていたことから、運賃制度を簡便にしようという機運が高まり、1967（昭和42）年には区間制より同一運賃エリアが広い地帯制に、1974（昭和49）年には現在のような均一制に変更された。これに合わせて運賃箱も、まずは両替機能が付加され、さらに釣り銭方式へと変更された。

一方、多摩地域では区間制が続いていたため、申告方式による前乗り先払いのワンマン化が行われた。これは乗車するとき運転手に降車停留所を告げ、その区間の運賃を先払いする信用方式だった。しかし、1984（昭和59）年に初めて投入された中型車は、中扉に整理券発行機、最前部に運賃表示器が取り付けられ、以後は中乗り後払いの整理券方式に変更されている。

1986（昭和61）年から千円札の両替ができる機能を追加。1990（平成2）年から千円札でも釣り銭が出る方式に改めた。1993（平成5）年には磁気カード型乗車券「Tカード」、1994（平成6）年には民営バスにも共通使用できる磁気カード型乗車券「バス共通カード」の読み取り機能を追加した。1998（平成10）年には巣鴨営業所の車両に、都区内の都バスに乗り降り自由な定期券「都バスフリーカード」の販売機能を導入。以後、全営業所に拡大していくとともに、「都バス一日乗車券」「都営まるごときっぷ」の発券機能も追加している。

2000（平成12）年から2002（平成14）年にかけては全車両の運賃箱を更新。これは硬貨と回数券を同じ投入口に入れることができ、計算機能もついているもので、投入額が瞬時に運賃箱上部に表示され、乗客にも運転手にも確認しやすくなった。また金庫を運賃箱にセットすると乗務員IDが記録され、音声合成放送装置の系統・行き先情報などとともに、バスロケーションシステムに活用されている。さらに2007(平成19)年、IC乗車券「PASMO」のサービス開始にともない、「PASMO」での運賃支払いとチャージ機能が付加されている。

世界各国の路線バスのなかで、日本ほど多機能な運賃箱を搭載している例はない。なかでも都バスの運賃箱は非常に先進的なものであり、世界トップクラスの機能といってもよいだろう。

いろいろおトクなIC乗車券「PASMO」

「PASMO」は、関東地方を中心とする100社以上の鉄道・路線バス事業者に共通使用できるIC乗車券。都バスでは、JR系のIC乗車券「Suica」とともに使用可能である。「PASMO」は鉄道で利用する場合、発売額=利用額となる。しかし路線バスでは、発売額以上の利用が可能だった「バス共通カード」に代わって導入された経緯から、「バス特」サービスが提供されている。「バス特」サービスとは、都バスや大手私鉄系の民営バスなど、サービス提供路線に乗車するごとに、運賃1円につき1ポイントが貯まり、一定のポイントが貯まったとき、ポイント分の特典バスチケットが付与されるもの。このバスチケットは、次にサービス提供路線に乗車したとき、カードの残額に優先して自動的に使用され、バス運賃が割引になる。バスチケットは、バス運賃を1000円分支払うと100円分、3000円支払うと360円分、5000円支払うと850円分付与される計算だ。

ポイントはサービス提供路線なら、都バスに乗っても他事業者のバスに乗っても累積されていく。またバスチケットが付与されたときは、都バスであろうと他事業者のバスであろうと自動的に使用される。バスチケットが付与されたときは「チケットがつきました」、バスチケットが使用されたときは「チケットを使いました」と、運賃箱から音声案内が流れる。カードの残額がわずかで、「チャージしなくちゃ」と思って乗車したとき、「チケットを使いました」の音声に救われ、「ラッキーッ！」とニンマリすることも……。ただしポイントは毎月1日から月末の間に累積され、翌月1日には新たに0ポイントから蓄積される。また累積が1万ポイントになると、新たに0ポイントからスタートする。せっかく溜まったポイントが0に戻らないよう注意が必要だ。

また「PASMO」「Suica」では、都バス独自のサービスも行われている。「都バス乗継割引」だ。これは「PASMO」「Suica」を使って都バスを乗り継ぐとき、最初のバスの運賃精算から次のバスの運賃精算までが90分以内だと、次のバスの運賃が大人100円、子ども50円、自動的に割り引かれるというもの。一日に何度でも適用されるが、最初のバス、次のバス、その次のバスと3台を乗り継いでも、3台目のバスが連続して割り引かれることはない。

さらに「都バスIC一日乗車券」も販売中。運転手に「都バス一日乗車券」と告げ、「PASMO」「Suica」に一日乗車券を記録してもらえば、「PASMO」「Suica」をタッチするだけで、一日中、都バスが乗り降り自由になるのだ。

なお、現在では「PASMO」「Suica」のほかに、全国8つのIC乗車券が相互利用できるようになった。ただしカードによっては、前記のサービスが提供されないものもある。

乗車ルポ

短縮を重ねてもなお都バス最長路線
〈梅70〉系統（花小金井駅北口～青梅車庫前）

小平市の東端に位置する西武新宿線花小金井駅。西武バスが頻繁に発着する北口ロータリーに、毎時1本だけ、ちょっと遠慮がちに都バスの車両が顔を出す。〈梅70〉系統、青梅車庫前行きである。1949（昭和24）年、荻窪～青梅間39㎞に開設されたこの路線。以後、東側の起終点が何度か変更され、縮小されてきたが、それでもなお、全長28㎞を超える都バス最長路線である。

15時50分発の便に乗車。多摩地区は後払いの対キロ区間制で、都バスなのに中扉から乗り込むのが新鮮だ。買い物帰りの主婦などで8割方の席が埋まり出発。駅前通りから、青梅街道へ左折する。3つめの昭和病院前には、お年寄りを中心に10人ほどが待っていた。昭和病院の通院者にとって、〈梅70〉はなくてはならない足。2015（平成27）年の春に西東京市から撤退した際、起終点を小平駅前でなく花小金井駅前にしたのは、通院客の利用を考慮したからだと聞いた。

青梅街道駅前

西武新宿線の踏切を渡ると、右手に延びる遊歩道の奥に、懐かしい丸ポストがちらりと見える。小平市内の木造の郵便局舎や茅葺き屋根の民家などを保存する「小平ふるさと村」だ。高度経済成長期以前は、一面の畑作地帯だったという小平。ふるさと村では、そんな農村文化を現代の人々に伝えている。ちなみに丸ポストは、小平市内にまだ37本が現存し、32本が現役。小平市は〝丸ポストのまち〟とも呼ばれているのだ。〈梅70〉の車窓からも、そのかわいらしい姿をいくつか確認できる。

西武多摩湖線の単線の踏切を越え、地下にJR武蔵野線が走る新小平駅前に停車。続いて西武国分寺線の単線を渡る。屋敷林に囲まれ、庭に土蔵や作業小屋を持つ、昔ながらの民家が目につくようになる。うっそうとした木立に覆われた小平神明宮、立派な山門を構える小川寺《しょうせんじ》の前を通過。菩提寺と氏神様に五穀豊穣を願いながら、畑作業にいそしむ……。農村時代の当地の様子が、ふるさと村を訪ねなくとも想像できる。ふと「武蔵野」という言葉が脳裏に浮かんだ。

小川三差路を過ぎると右手の視界が開け、遠くに背の高い並木が続いているのが見える。野火止《のびどめ》用水である。周囲の宅地開発とともに農業用としての役割を終えた用水は、いったん涸れたものの、地域の人々の努力により、1984（昭和59）年に流れが復活したという。その後、新たに整備された親水公園ではホタルの放流も行われ、農村時代の風情がよみがえったそうだ。

にわかに市街地となり、西武拝島線の高架をくぐって東大和市へ。東大和市駅前のロータリーに入る。7~8人の乗客が下車。そして入れ替わりに、電車を降り、あるいは駅周辺で用事を済ませ、家路を急ぐ10人以上の人たちが加わる。一方で、車内にとどまっている乗客も少なくない。一人ひとりの乗車距離はそれほど長くないけれど、乗客がすっかり入れ替わるポイントがなく、分割しようにも分割できない……。そんな〈梅70〉という路線の性格を垣間見たような気がする。

東大和市駅前からは、西武バスと何度もすれ違いながら、北へ進路を変えた青梅街道を走る。構内に都バス車両が1台、ポツンと休む大和操車所前に停車。奈良橋交差点を左に折れて、青梅街道は再び西をめざす。八幡神社前のバス停近くにあるのは、「東大和市立郷土博物館」。ここでは「狭山《さやま》丘陵とくらし」をテーマに、郷土の歴史や民俗、自然などを紹介している。狭山市は埼玉県の自治体だが、狭山丘陵は都県境周辺の広いエリアに広がる。スタジオジブリの人気アニメ『となりのトトロ』の舞台も狭山丘陵。豊かな自然と共存する里山の暮らしが、ここにはあったのだ。

沿道にはどこまでも住宅地が続き、乗客が1人、また1人と降りていく。右手の家並みの背後には、緑に覆われた小高い丘が続く。丘の上には1927（昭和2）年、東京の水がめとしてつくられた村山貯水池（通称・多摩湖）。貯水池下のバス停を通過すれば、武蔵村山市である。

武蔵村山市役所前を過ぎると、食堂の店先に「村山うどん」ののぼり。「村山うどん」は、狭山地方で古くから食されてきた「武蔵野うどん」のひとつだ。地粉で打った太いうどんを冷水で締めて盛り、〝かて〟と呼ばれる茹でた地場野菜とともに、かつお出汁の熱いつけ汁に浸して食べる。武蔵村山市では近年、この郷土食「村山うどん」を売り出し中。市内の10軒以上で味わえるほか、麺をみやげにすることもできる。〈梅70〉沿線随一のグルメスポットといえよう。

横田バス停の前の小さな洋館は「村山織物協同組合」。狭山地方はかつて生糸の生産が盛んで、江戸時代中期に「村山大島紬」が創り出された。大正時代から昭和初期にかけて活況を呈したものの、次第に着物離れが進み、いまでは職人も数少なくなってしまったという。組合にあらかじめお願いすれば、そんな歴史や製法などを展示する館内の資料室を見学することができる。

横田

次第に住宅はまばらになり、屋敷林を持つ立派な民家が再び増える。いつのまにか、すれ違うバスが西武バスから立川バスに変わっており、武蔵村山市のコミュニティバス「ＭＭシャトル」の姿も見かける。瑞穂《みずほ》町に入り、ＪＲ八高《はちこう》線箱根ケ崎駅に近い箱根ケ崎三丁目で男子高校生を1人降ろすと、有線放送の『夕焼け小焼け』のメロディがあたりに17時を知らせた。その優しい音色に、たまらない郷愁を感じる。乗っているのが都バスだということを忘れそうになった。

青梅駅前

長円寺前

八高線の踏切を渡り、ほどなく新青梅街道に合流。片側2車線の道路を飛ばすうち、ついに青梅市域となる。ロードサイド店がいくつも建っているが、道路の右側には相変わらず古い民家も残る。きっと左手、南側を拡幅したのだろう。青梅消防署前を過ぎ、青梅の市街地へ右折する角には、小さいながら茶畑が広がる。青梅市は、狭山丘陵の西端に位置しているのだった。

市街地では、こまめな乗降が続く。およそ1時間半走ってきたバスに、数分だけ乗る人がいることが、なんだかおもしろい。JR青梅線の踏切を越えると、映画看板を掲げた古い商家が何軒か並び、〝昭和レトロなまち〟青梅に飲み込まれる。1924（大正13）年に旧青梅鉄道の本社として建てられた、モダンな駅舎が迎えてくれる青梅駅前に停車。わずかになった乗客がみな降り、車内には筆者だけになる。そして17時40分、およそ8分遅れで終点の青梅車庫前に到着。陽が傾いた車庫の構内で、バスは同僚たちの間に収まり、ようやくエンジンを停めた。

乗車ルポ

所要時間たった5分の女子大スクールバス
〈学05〉系統（目白駅前～日本女子大前）

ＪＲ山手線目白駅の出口は、南北に延びるホームの一番北側。改札を抜けると、線路を東西にオーバークロスする目白通りの歩道に出る。東に向かう都バスの乗り場は、線路を挟んで東西2カ所。江古田《えごた》方面から来る〈白61〉新宿駅西口行きと〈池65〉池袋駅東口行きは東西双方に停まり、目白駅前始発の〈学05〉日本女子大前行きは東側、目白駅前（川村学園）というカッコ書きつきのバス停から出る。平日朝9時台の〈学05〉は10本あり、平均6分間隔の運行。それでも乗り場には、すぐに10人以上の列ができる。筆者も列に加わって、9時19分発に乗り込んだ。

運賃箱にＰＡＳＭＯをかざすと、１８０円分が収受される。系統番号に「学」がつくこの路線は「学バス」と呼ばれ、一般路線より運賃が30円安い。「学バス」とは、学生の福利厚生を図るため、１９４９（昭和24）年に設定されたものだ。筆者はバブル全盛期、親から高額な仕送りをもらい遊んでいる大学生たちを見て、もはや学バスなんていらないのではないかと思った。しかし大学生の半数が奨学金を受給しているという現代、自らも大学生を持つ

目白駅前（川村学園）

親になってみると、1カ月の通学定期券が一般路線より1000円以上安い「学バス」は、ありがたい存在に思える。

いまは6路線ある「学バス」のうち、〈学05〉は唯一、途中ノンストップで走る。まるで日本女子大のスクールバスのような存在だ。そのせいで、都バス全線完乗の途上で乗車した20代のころは、女子大生に囲まれてちょっと気まずかった。けれど30年後の今日、なんとか准教授くらいに見えるルックスになり、実際に職員風の同世代の乗客もいて、実に平然と乗ることができた。

ひととおり座席が埋まり、数人が通路に立ったところで発車。途中ノンストップなので、バスは片側2車線の目白通りの中央寄りを快走する。街路樹のイチョウの緑色が鮮やか。千登世《ちとせ》橋で明治通りと都電荒川線をまたぐ。〈池65〉はここで明治通りに左折し、池袋駅東口に向かう。不忍《しのばず》通りが左に分かれると、左手に日本女子大のキャンパスが見え、バスはそのまま構内へ。レンガ造りの「成瀬記念館」と1906（明治39）年竣工の木造建築「成瀬記念講堂」に挟まれた、日本女子大前停留所に停車する。目白駅からわずか5分。すべての乗客が下車していった。

ところが〈学05〉は、実はループ状の運行。このあと目白通りを100mほど戻った日本女子大前（豊明小学校前）にも寄る。またカッコ書きつきのバス停だ。朝7～8時台の便では、日本女子大附属豊明小の児童たちがここで下車するが、他の時間帯にはめったに降りる人はいない。

この日はここから、熟年の女性が1人乗車した。目白通り上の後方には本数の多い〈白61〉系統の日本女子大前停留所があるが、〈学05〉に乗れば30円安いうえ、ノンストップで目白駅前まで運んでくれる。知る人ぞ知る「学バス」活用術。熟年女性は、やはりしっかりしている。

日本女子大前

日本女子大前（豊明小学校前）

第2章　都バス90年の道のり

関東大震災の復興の足として登場（1920～30年代）

1923（大正12）年9月1日11時58分、マグニチュード7・9、震度6の烈震が、首都東京を襲った。その被害は北関東や山梨・静岡にまで及び、死者・行方不明者10万5000人、家屋の全壊10万9000戸、半壊10万2000戸、焼失21万2000戸を数えた。いわゆる関東大震災である。当時、東京には150㎞を超える市電（路面電車）の路線が延びていたが、そのほとんどが損壊。営業所・車庫の全焼9カ所、電車の焼失779両という壊滅的な被害を受け、復旧にはかなりの期間を要することが見込まれた。そこで、市電の営業を行っていた東京市電気局は、市民の足を確保する応急手段として、開業が比較的容易な乗合自動車の運行を計画した。

東京市電気局は1911（明治44）年8月1日、東京鉄道の路面電車事業と電力供給事業を買収して発足。翌年に一度、新橋～上野～浅草間に乗合自動車の運行を計画している。しかし当時、乗合自動車が運行されていたのは京都や大阪など全国でもわずか数都市。故障が多く、道路も未発達で、市民からの評価は低かった。そのような時代背景のもと、乗合自動車の監督官庁である警視庁は1915（大正4）年、東京市からの乗合自動車の免許申請を却下していた。

一方、京王電気軌道は1913（大正2）年、電車開通までの先行輸送手段として、新宿～笹塚間3㎞に乗合自動車を開業。この路線は2年後に電車が開通すると廃止されたが、1919（大正8）年には東京市街自動車が、市電と並行する新橋〜上野間に乗合自動車を開業した。板橋や葛飾など郊外でも、民営の乗合自動車が次々と免許されていった。そんななか、おそらく東京市は、自らも再び乗合自動車の免許申請を行う機会をうかがっていたのではなかろうか。

1923年10月、翌年7月末までという条件つきで、ついに東京市は警視庁から乗合自動車の免許を受けた。ただちにアメリカのフォード社に自動車800台を発注。電車乗務員から志望者1000名を募り、陸軍自動車隊などの教習によって運転技術を習得させた。そして1924（大正13）年1月18日、中渋谷〜東京駅間、巣鴨橋〜

1924年の東京駅丸の内口。中渋谷に向かう東京市電気局の"円太郎バス"が発車を待っている

【表2-1】創業当時の市バス路線

系統番号	系統			キロ数	運転開始月日
	起点	区界	終点		
1	品川	芝園橋	東京駅前	7.279	2月23日
2	目黒駅前	芝園橋	東京駅前	8.690	2月23日
3	麻布材木町	日比谷	水天宮前	7.870	2月8日
4	中渋谷	赤坂見附	東京駅前	8.433	1月18日
5	淀橋	四谷見附	東京駅前	7.474	1月28日
6	早稲田	九段下	両国駅前	7.646	3月5日
7	大塚	春日町	永楽町	7.284	1月28日
8	巣鴨橋	春日町	東京駅前	7.136	1月18日
9	駒込橋	本郷3丁目	永楽町	6.878	2月18日
10	神明町	上野公園	東京駅前	7.561	2月8日
11	千住大橋	車坂町	茅場町	7.625	3月5日
12	南千住	御蔵前片町	東京駅前	7.094	3月16日
13	押上	上野公園	日本橋	7.633	2月18日
14	柳島	亀沢町	東京駅前	7.722	3月16日
15	大塚	春日町	外手町	7.261	3月5日
16	外手町	黒江町	東京駅前	6.970	3月5日
17	錦糸堀	和泉橋	牛込北町	7.738	3月16日
18	洲崎	永楽町	飯田橋	7.858	3月5日
19	築地	赤坂見附	水道橋	7.794	3月16日
20	芝園橋	日本橋	雷門	8.584	2月23日

東京駅間の2系統で、車両44台による乗合自動車の運行を開始。初めての市バスが東京の街を走り始めた。さらに、同年3月16日までの間には、車両800台をもって20系統、148㎞の予定路線すべてを開業している（表2-1）。

開業当初の市バスは、平日には7～11時、15～19時のラッシュ時間帯に運転。日祝日には7～19時の通し運転が行われた。一日平均乗客数は5万4000人、一日平均収入は6500円で、いずれも東京市の予想をはるかに上回り、市電代行の役割をみごとに果たした。

市電が復旧するにつれ乗客数は横ばいとなり、収入は漸減したものの、すでに市バスが市民生活に定着していること、車両購入費など膨大な投資を行っていることなどから、市会は市バスの存続を決定。路線を20系統から9系統に、車両を800台から320台に縮小する一方、運転時間を7~22時に延長してサービスアップを図り、市バスの営業を継続した（表2-2）。

開業時の市バスは、出札手が主要停留所で乗車券を販売し、ワンマン運行されていた。しかし市バスの存続が決まると、女子車掌を乗務させることになった。最初の志願者は500名を超え、そのうち66名が第1期生として乗務を開始した。女性の職業としては時代の先端を行くものであり、赤襟で紺サージのワンピースという姿から「赤襟嬢」と呼ばれ市民の人気を集めた。

市バス9路線はいずれも好調で、一日平均乗客数5万1000人、一日平均収入5600円という高い営業成績を上げたことから、東京市は乗合自動車事業を拡張していく。1929（昭和4）年度には21系統、112kmと開業年の規模に回復。一日平均乗客数は11万9000人で開業年の2・2倍、一日平均収入は1万1000円で開業年の1・7倍に達した。しかしその後、世界恐慌による日本経済の不況に加え、新たに開業した東京地下鉄道（現・東京メトロ銀

【表2-2】存続決定後の市バス路線

系統番号	起点	区界	終点	キロ数
1	目黒駅前	芝園橋	東京駅前	8.690
2	中渋谷	赤坂見附	東京駅前	8.433
3	淀橋	四谷見附	東京駅前	7.474
4	巣鴨	春日町	日比谷	8.352
5	駒込橋	上野公園	東京駅前	8.716
6	押上	上野公園	東京駅前	8.533
7	大塚	春日町	雷門	7.659
8	洲崎	永楽町	護国寺	10.712
9	芝園橋	日本橋	雷門	8.584

座線）や、東京市街自動車（通称〝青バス〟）をはじめとする民営バスとの競合が激しくなるなど、市バスの経営環境は悪化した。このため東京市は、市電・市バスの協調主義をとり、市バス路線を大改正。市電・市バスの連絡制も実施した。また市郡合併により東京市に加わった新市域にも積極的に進出。郊外の民営バス各社との連絡券も発行した。

こうした努力と日本経済の回復により、1929年度をピークに減少が続いていた乗客数は1933（昭和8）年度から上昇に転じ、1935（昭和10）年度には一日平均乗客数が21万6000人、一日平均収入が1万5000円まで回復した。また市内交通機関に占める市バスの利用比率も、1926（大正15）年度の3・0％から、1935年度には5・8％にまで上昇した。

このころ、自動車交通の監督という形で、都市交通統制が始まっていた。国鉄を経営していた鉄道省が陸運監督権を掌握。鉄道と競合関係にあるバス路線の統制に着手し、1路線1経営主義を掲げて免許統制を行った。1931（昭和6）年には自動車交通事業法が制定され、バス事業に関するすべての免許が鉄道省に集約された。これと並行して民営の鉄道会社では、自らバス事業を兼営するとともに、乱立により疲弊した沿線の小さなバス会社を次々に統合していった。

1931年には満州事変が勃発し、日本は中国における軍事行動を拡大。1933年には国際連盟を脱退し、1937（昭和12）年の盧溝橋事件をきっかけに中国との全面戦争に突入していく。政府は国家主義的な戦時体制を構築するため、1938（昭和13）年に国家総動員法を制定。また同年、陸上交通事業調整法を施行した。陸上交通事業調整法とは、鉄道・バス事業者の国家政策的な整理統合を促進するための法律。内閣総理大臣を会長とする「交通事業調整委員会」が組織され、東京市からは市長が委員に選任された。

委員会ではまず、全国に先駆け、都心から1時間圏内となる30〜40㎞圏（東京府の大半、神奈川県の東部、埼玉県の南部、千葉県の西部）を調整区域とした。そして統合の範囲、省線（のちの国電）を統合に含めるか否か、統合後の経営形態などについて話し合いが行われた。なかでも統合後の経営形態については、東京市の「市有市営案」と鉄道省の「官公私合同特殊会社案」が激しく対立した。膠着状態のまま2年が経過した1940（昭和15）年にようやく、現状に即し、政府、東京市、民営鉄道会社の3社の利害を調整した次のような実行案が提案された。

①旧市内（山手線の品川、新宿、池袋、赤羽以東および荒川放水路以西の地域）は路面と地下に分け、路面交通事業は東京市に、地下鉄事業は特殊機関を新設して統合する。

②旧市内以外の地域は4つのブロックに分けて、各地域相互の連絡設備の改善、直通運転、連絡運輸の拡充、規格の統一などを行わせる。

③国鉄は調整対象から除外し、他の交通事業と緊密な連絡協調を図る。

旧市域の約2倍の地域における路面交通機関を統合し、市営市有とするこの案を市会も支持。将来的には地下交通機関との一貫経営の実現を望むという条件をつけて承認した。

こうしてこの実行案は委員会で可決され、政府もこの案のとおり調整区域ほかを決定。東京市は①のエリア内の軌道およびバスを買収することとなった。

戦時体制下の困窮と戦後の輸送力増強（1940年代）

統合案の決定を受け、東京市は1941（昭和16）年から区域内の事業者の買収を開始した。対象となったバス事業は、東京地下鉄道（〝青バス〟を運行する東京市街自動車は東京乗合自動車と社名を変更したのち、城東電気軌道を合併し、さらに東京地下鉄道に合併されていた）、大東京遊覧自動車、東京環状乗合自動車、城東乗合自動車、王子電気軌道の全路線、および葛飾乗合自動車、京王電気軌道、東京横浜電鉄の一部路線で、その路線延長は計177・3㎞、車両数は984台に及んだ。しかし、この年アメリカが日本への石油の輸出を全面的に禁止したため、厳しいガソリン規制が開始され、車両の多くは木炭などの代燃車に改造された。

また燃料にとどまらず、あらゆる物資の入手が困難となったため、新車の調達はもちろんのこと、既存車両の補修すら満足に行えない環境となった。稼働可能な車両が減少を続ける半面、乗客数は横ばいまたは漸増という状況にあり、1台あたりの乗客数は増加を続けた。とくに朝夕の通勤時間帯の混雑が激しくなったことから、1941年4月には始発から9時まで、加えて8月には16時から19時までの急行運転を実施。無停車停留所を147カ所まで増やし、乗車機会を制限するとともに、バスのスピードアップを図った。1942（昭和17）年の一日平均乗客数は56万9000人に上り、終戦前のピークを記録している。

そんななか、1941年12月に日本海軍がハワイ真珠湾を攻撃。太平洋戦争の火ぶたが切られた。日本の路線バス事業は戦時需要を最優先した体制となり、東京市も1942年、市バス路線の一部休止や短縮、営業時間の短縮、朝夕ラッシュ時のみ運行する中休系統の設定などを行った。さらに翌年には、軍需工場へ工員を運ぶ工員バスを運行したほか、政府からの要請で200台のバスをトラックに改造し、貨物輸送を開始した。一般路線では、市電並行区間の休止や停留所の廃止が進められ、出征した男子車掌の補充として女子車掌の育成が行われた。また電気局職員の派遣作業も実施。軍需第一主義により入手が困難になった電車線、酸素、燃料など電車・バス事業に不可欠なものを確保するため、延べ1万4120人の職員が生産工場に派遣された。

戦時体制の強化にともない、首都行政の一元化を図ることとなり、1943（昭和18）年7月

1日、東京府と東京市が廃止されて東京都が誕生。東京市電気局は東京都交通局となった。

1944（昭和19）年に入ると戦局はにわかに悪化し、年末には東京都への空襲が本格化。翌1945（昭和20）年3月9日の空襲では、本所、深川、浅草、京橋、日本橋、神田などを中心に、旧東京市のおよそ4割がひと晩のうちに焼野原と化した。そして同年8月、日本はついに無条件降伏の道を選択。太平洋戦争は終結した。東京都区部の被災面積は159㎢、焼失家屋は71万戸、死者25万人、被災者294万人。都バス営業所5カ所、バス342台、トラック6台が被災し、終戦時の車両960台のうち、稼働可能なのはわずか70台ほどだった。

戦時中の1942年に756万人まで増加した東京都の人口は、疎開や空襲により人々が東京を離れたことで、終戦時には350万人まで減少していた。しかし戦争が終わると、疎開からの帰京者、軍隊からの復員者、海外から引き揚げてきた人たちなどにより増加を続け、1950（昭和25）年には600万人を超えた。一方、終戦時の都バスは系統数12、路線長63㎞、一日平均乗客数12万5000人まで落ち込んでおり、急増する交通需要に応えるためには、いち早く車両と路線を復旧することが求められた。

そこでまず、1946（昭和21）年に新車170台を購入し、既存車両133台を大修理。小滝橋、練馬、新谷町の各営業所を復活させて路線長を延ばした。翌1947（昭和22）年にも新車13台を購入したほか、進駐軍のトラック247台の払い下げを受け、バスに改造して荻窪線などで使用した。同時にガソリンの配給を受け、木炭や薪などの代燃車を淘汰した。また軽油の調達も可能になったため、1947年度からディーゼル車の採用を開始している。

ところで、前記した東京の人口増加は、都心部よりも外郭部、外郭部よりも隣接地域と、郊外になるほど著しかった。疎開した人々の郊外への定住や、都心部の地価高騰による郊外への移転が、その理由と考えられた。このため都心と郊外を直結する交通手段へのニーズが高まったが、当時の国鉄では電車の高頻度運行は一部区間に限られ、また私鉄各線では山手線内側の都心部に直接乗り入れることができなかった。そこで運輸省は、交通地域調整の枠を外し、都バスと民営バスとの相互乗り入れにより、都心と郊外を直接結ぶ長距離路線の設定を交通局に申し入れた。

これを受けて交通局は1947年、東急との相互乗り入れにより都立高校（現・都立大学）、洗足《せんぞく》、駒沢へ、国際興業との相互乗り入れにより大山《おおやま》、志村橋へ、東武との相互乗り入れにより草加へ、京成との相互乗り入れにより市川へ、7系統、104・6㎞の運行を開始した。その後も相互乗り入れ路線の拡充は続き、1951（昭和26）年末には、西武、関東、京王、小田急、京急を加えた9社、29系統、508・1㎞に達した。行き先は郊外の住宅地だけでなく、川崎や浦和など隣県の都市にも及び、都心側の起点も東京駅のほか、新橋、上野、新宿などが加わった。

相互乗り入れ路線の開設と並行して、交通局独自の長距離路線の開拓にも取り組んだ。1949（昭和24）年8月には荻窪～青梅間37㎞、12月には新宿～八王子間42㎞の運行を開始。新たな拠点として青梅支所、八王子支所を設け、都心と三多摩地区を直結した。1951年には地域住民の要望に応え、青梅から成木村（現・青梅市成木）への路線延長も行っている。また1949年には学生の福利厚生を図るため、運賃を低額に設定した「学バス」の運行を開始。当初は、御茶ノ水駅～東大農学部、上野駅～東大農学部、高田馬場駅～早大正門、渋谷駅～日赤病院の4系統が選択された。

一方で、戦前の統合により大東京遊覧自動車から引き継いだ遊覧バス事業は、1948（昭和23）年、東京都自身も出資して設立された新日本

関東バス阿佐谷営業所で同社車両に交じって待機する〈110〉系統の都バス車両（写真提供：関東バス）

【表2-3①】1950年度末の運行系統

所管	系統	区間	キロ程（km）	乗入社名
品川	3	品川駅～東品川	3.109	
	14	新橋駅～中央市場	3.153	
	急　乗　100	東京駅乗車口～雪ヶ谷	15.447	東急
	急　乗　114	東京駅八重洲口～池上駅	16.048	東急
	急　乗　115	東京駅八重洲口～川崎駅	20.008	京浜
	急　乗　122	東京駅八重洲口～久ヶ原	14.527	東急
	臨　急　201	東京駅八重洲口～勝島	11.698	京浜
渋谷	急　乗　123	東京駅八重洲口～幡ヶ谷	12.350	東急
	1	田町～渋谷駅	5.701	
	学　4	日赤病院～渋谷駅	2.380	
	急　乗　101	東京駅乗車口～駒沢	13.909	東急
	急　乗　103	東京駅乗車口～経堂	16.100	東急
	急　乗　113	東京駅乗車口～自由ヶ丘	13.156	東急
堀の内	5	新宿駅西口～堀の内	4.746	
	6	杉並区役所～代田橋	4.760	
	急　長　300	東京駅乗車口～荻窪	15.508	
	急　長　301	荻窪～青梅	39.000	
	急　長　304	築地～荻窪	15.972	
新宿	18	東京駅乗車口～門前仲町	5.446	
	24	東京駅乗車口（循環）浜町	4.966	
	急　乗　111	新橋駅～下高井戸	13.003	京帝
	急　乗　119	東京駅乗車口～武蔵境	26.490	帝都・小田急
	急乗長　302	新宿駅西口～八王子	41.430	京帝
	急　乗　126	新橋駅～永福町	13.301	京帝
小滝橋	2	渋谷駅～早稲田	7.403	
	7	早稲田～東中野	4.070	
	急　乗　104	東京駅降車口～成増駅	21.552	国興
	急　乗　110	東京駅降車口～石神井公園	19.678	西武・関東
	急　乗　120	新橋駅～中野駅	12.621	
	学　3	高田馬場～早大正門	2.121	

※P88に続く

観光株式会社に譲渡。同社は1963（昭和38）年に社名をはとバスと改称し、今日まで定期観光バスの運行を続けている。

相互乗り入れ路線や長距離路線の開設にともない、営業キロは1948年度以降、毎年100km前後延長され、1951年度には569・4kmに達した。停留所数も戦前の最多時期を超える836カ所、運転路線も統合時の63系統を超える78系統となった（表2-3）。

【表2-3②】1950年度末の運行系統

所管	系統	区間	キロ程（km）	乗入社名
練馬	20	江戸川橋～丸山	6.804	
	21	目白駅～豊島園	6.600	
	急　乗　108	新橋駅～石神井公園	21.411	西武
	急　乗　112	新橋駅～鷺ノ宮	17.332	西武・関東
	急　乗　121	東京駅降車口～新井薬師	12.637	西武
大塚	9	池袋駅～浅草	12.395	
	急　乗　105	東京駅降車口～浦和駅	23.950	国興
	急　乗　117	東京駅降車口～上板橋	12.978	国興
	急　乗　127	志村橋～浅草	13.930	国興
	学　1	御茶ノ水～東大農学部	2.457	
	学　2	上野駅～東大農学部	3.697	
滝の川	10	王子駅～西新井	6.250	
	17	御茶ノ水～荒川土手	9.099	
	急　乗　116	新橋（神谷町）川口駅	19.980	国興
	31	王子駅～野新田	3.160	
	4	田端駅～熊野前	3.100	
千住	12	三ノ輪～亀戸駅	6.168	
	13	新橋駅（浅草）千住車庫	13.083	
	30	新橋駅（秋葉原）千住車庫	12.273	
	急　乗　106	東京駅降車口～草加	18.462	東武
	急　乗　118	東京駅八重洲口～川口駅	22.013	国興
新谷	11	浅草～西新井橋	6.422	
	16	浅草～汐入橋	4.584	
	26	日暮里駅～錦糸町駅	6.855	
	109	上野広小路～金町	13.970	京成
	124	上野広小路～市川	15.270	京成
	125	上野広小路～青砥	11.800	京成
江東	15	錦糸町～三角	8.100	
	28	浅草寿町～船堀橋	8.960	
	29	錦糸町駅～浦安	10.562	
	32	新橋駅～錦糸町駅	7.925	
	急　乗　107	東京駅降車口～市川	18.285	京成
東荒川	22	新小岩～浦安	7.732	
	25	上野広小路～同潤会	11.810	
	特	東荒川～西荒川	1.140	
洲崎	8	東京駅～循環～（茅場町）～新富町	5.540	
	19	東京駅乗車口～東雲	6.822	
	26	浅草～葛西橋	9.986	
	27	東京駅乗車口～葛西橋	10.954	
	33	木場三丁目～日暮里駅	5.013	

※「系統」欄の「急」「乗」「長」「学」「特」は、それぞれ急行運転、乗入線、長距離急行、学区および特区を示す。

トロリーバスの開業と都バス路線のさらなる拡充（1950年代）

交通局は戦後、地方自治法の適用を受けていたが、1952（昭和27）年に地方公営企業法が施行されると同法の適用を受け、独立採算の公共企業体へと移行した。

1952年には上野公園～今井橋間15・54kmの都営トロリーバス〈101〉系統が開業した。トロリーバスは「無軌条電車」と呼ばれ、交通局では都電とともに軌道事業に含まれた。戦後の交通混乱をいち早く解決するため、都電に比べ建設費が安いトロリーバスが採用されたのだ。

1955（昭和30）年には池袋駅前～千駄ケ谷四丁目間の運行を開始。部分延長を重ねて翌1956（昭和31）年、池袋駅前～品川駅前間17・29kmの〈102〉系統が全通した。さらに、1957（昭和32）年には池袋駅前～亀戸駅前間14・92kmの〈103〉系統、1958（昭

善光寺坂を上り根岸から谷中へ向かうトロリーバス〈101〉系統

小台で都電（現・荒川線）の線路を越えるトロリーバス〈104〉系統

和33）年には池袋駅前～浅草雷門間13・26kmの〈104〉系統が開業した。こうしてトロリーバスは、都心から放射状に延びる都電路線の終点を扇形に結び、都バス路線とともに網状輸送を担った。

交通局ではトロリーバスの運転士として、都バスと同じように大型二種免許所持者を採用。青山にあった教習所に入所させ、およそ1カ月間、学科と実地の訓練を行った。教習所内に架線が張られた短い教習コースがあり、これを使って実際のトロリーバスの運転やポールの離着線を習得させた。訓練が終わると、陸運局から出張してきた係員によって「無軌条電車運転免許試験」が行われ、合格した者がトロリーバス運転士として乗務した。当時の道路設備は未発達で、たとえば〈102〉系統の場合、終日赤青を識別できた信号は伊勢丹前だけだったという。路上の障害物を大きく回避するとポールが離線することもあり、その運転には高度の技術が必要だった。

また都バス車掌の多くが女性だったのに対し、トロリーバスの車掌には男性が採用された。何千人もの応募があるほど、人気が高かったという。車掌もまた教習所に入所し、学科と実地の訓練を受けた。学科では乗客に何を聞かれても困らないよう、トロリーバスだけでなく都電・都バスの路線と停留所も覚えたほか、東京の名所案内ができるぐらいに地名をたたき込まれた。開業当初は架線の自動ポイントがなかったため、入庫時は車掌が外に出てポールを操作しなければならなかった。また〈103〉〈104〉系統には踏切があり、トロリーバスの架線は600V、国鉄や私鉄の架線は1500Vなので、踏切区間はトロリーバスの架線が切ってあった。バスはその区間を補助エンジンで走行するため、車掌がバスを降りてポールを上げ下げした。大雨の日にはポールの先端にある集電子のカーボンで、手もシャツも真っ黒になったと伝えられている。

トロリーバスの建設費は都電に比べ安いものの、都バスに比べれば高く、車両も都バスより割高だった。架線に縛られることで、都バスに比べ機動性も劣るため、4系統をもって建設は終了した。一日平均乗客数は1961（昭和36）年の10万7000人をピークに、減少に転じた。

1954年には貸切バス事業の認可を受け、観光バス3台の営業を開始した

一方、1952年から1960（昭和35）年ごろまで、都バス路線はますます拡充されていく。相互乗り入れ路線では、新宿駅～野沢龍雲寺間（東急）、渋谷駅～阿佐ヶ谷駅間（京王）、江古田～代田橋間（関東）、新宿駅～大泉学園駅間（西武）、池袋駅～越谷《こしがや》駅間（東武）、品川駅～大森駅間（京急）、東京駅～青戸公団操車場（京成）、高円寺駅～代田橋（京王）などが開業した。

都バス単独路線としては、池袋駅～人形町水天宮間、東京駅～鉄砲洲《てっぽうず》明石町間、新橋駅～浅草～日暮里駅間、水道橋駅～西新井駅間、東京駅～西新井駅間などを運行開始。観光需要や湾岸地区の通勤需要に応えた東京タワー行きや晴海埠頭行き、品川埠頭行きも開設された。さらに1951（昭和26）年には明治神宮、富岡八幡宮、靖国神社などをめぐる「初詣バス」、1957年には明治座、新橋演舞場などの劇場と鉄道駅を結ぶ「劇場バス」が開設されている。また1954（昭和29）年には貸切バス事業の認可を受け、観光バス3台の営業を開始。以後、毎年のように増車を重ね、1961年度には21台を揃えている。

路線拡充の結果、都バスの営業規模は大幅に拡大した。1953（昭和28）年と1963（昭和38）年を比較すると、営業キロは679・9kmから886・3kmに、系統数は97系統から118系統に、停留所数は1096カ所から1491カ所に、車両数は1191台から1914台に増加した。一日平均乗客数は1956年度に戦前・戦中最高時を上回る63万4000人となり、1963年度から3年間は100万人台を記録。一日平均運賃収入は1957年度に1000万円を超え、1963年度には1555万円まで上昇している。

しかしながら、都バスの規模拡大と裏腹に、1950年代後半から交通局の黒字額は急激に減少。1959（昭和34）年度には赤字財政に転落し、以後、赤字額は年々増加していった。

収支悪化の第一の原因は、都営交通を取り巻く事業環境の変化だった。人口の郊外移転が進むなかで（表2-4）、都営交通の営業範囲は山手線の西側と荒川放水路に挟まれた区域に限定され、交通需要の変化に対応することが難しかった。またモータリゼーションの進行により乗客数が減

【表2-4】首都交通圏の人口推移

（単位：千人）

	1940年	1950	1955	1960	1965
都心第一圏	767	488	549	545	463
都心第二圏	2,343	1,591	2,067	2,359	2,332
周辺区部	3,669	3,306	4,353	5,405	6,098
区部計	6,779	5,385	6,969	8,310	8,892
市部計	347	651	754	1,013	1,447
郡部計	192	231	267	322	493
都合計（交通圏）	7,318	6,267	7,990	9,645	10,832
神奈川県（交通圏）	—	2,031	2,478	2,987	3,909
埼玉県（交通圏）	—	1,336	1,443	1,640	2,203
千葉県（交通圏）	—	874	962	1,108	1,530
合計	10,656	10,477	12,873	15,380	18,474
（全国総人口に占める割合）	14.7	12.5	14.4	16.5	18.8

※都市交通年報による

少したうえ、渋滞により定時性が損なわれ、乗客の信用も低下してしまったのである。

第二の原因は、輸送コストの上昇といえる。高度経済成長期に入り、人件費を含めた輸送コストが上昇するなか、都電・都バスは鉄道のように連結両数を増やすことができない。交通需要に応えるには路線や運行回数を増やすしかなく、需要増が生産性の向上に結びつきにくいのである。

第三の原因として、地下鉄の建設があげられる。交通局は1958年、都営地下鉄1号線（現・浅草線）の建設工事に着手。その財源の9割以上を起債に頼っており、さらにその過半数が公募債で、多額の利子の支払いに追われていた。しかし1号線押上～浅草間の開業は1960年、泉岳寺《せんがくじ》まで延伸されたのは1968（昭和43）年で、利益を計上するまでには時間を要した。

このような状況のもと、交通局は合理化への取り組みを開始。1952年には希望退職者の整理や準定年制度（満60歳の前日で自動的に退職する制度）の採用、1956年には被服工場（制服を製作する工場）の廃止などを行った。しかし収支は好転せず、交通事業そのものの縮小が検討された。当時、都電路線7本、都バス路線33本が赤字であり、それらの赤字額は年間8億円と推定されていた。公営交通として公共の足を保持するのか、独立採算の公共企業体として不採算路線を整理し、経済性を追求するのか、交通局は二者択一を迫られることとなった。

都電・トロリーバスの代替輸送とワンマン化の推進（1960年代）

1960（昭和35）年の年度末、交通局の赤字累計額は32億円に増加。1965（昭和40）年度には191億2035万円となり、同年度の運賃収入134億9386万円を大きく上回った。局単独での経営努力には限界があることから、1967（昭和42）年、交通局は自治大臣から財政再建団体の指定を受け、法定再建の道を歩むことになった。そして再建の第一歩として行われたのが、変貌する東京の交通需要に対応できなくなった都電・トロリーバスの撤去だった。

都電の撤去はすでに、営団地下鉄丸ノ内線の延伸により1963（昭和38）年に新宿駅前～荻窪駅前間の〈14〉系統、都営地下鉄6号線（現・三田線）の建設により1966（昭和41）年に

前面に都電時代の系統番号を掲げて走る代替バス。都電〈17〉系統を担当していた大塚車庫も都バスに引き継がれた

志村橋～巣鴨車庫前間の〈41〉系統などで行われていた。しかし、法定再建にともなうものは1967年12月10日の第1次撤去が始まりで、このとき、品川駅前～上野駅前間の〈1〉系統や渋谷駅前～新橋間の〈6〉系統など55・9kmの廃止と3・2kmの短縮が行われた。さらに、1968（昭和43）年2月25日の第2次から1972（昭和47）年の11月12日の第6次まで撤去は次々に進められ、現存する荒川線を除くすべての都電が廃止された。荒川線はほとんどが専用軌道で、渋滞の影響を受けにくいことから、存続が決まったものである。

　トロリーバスも、1967年12月10日に〈102〉系統の渋谷駅前～品川駅前間、1968年3月31日に〈102〉系統の池袋駅前〜渋谷駅前間、〈103〉系統の池袋駅前〜亀戸駅前間、〈104〉系統の池袋駅前〜浅草雷門間が運行を終了。さらに同年9月29日には〈101〉系統の上野公園〜今井間が廃止され、東京の街からトロリーバスの姿が消えた。

これらの代替輸送はすべて都バスが担当することになった。1963年の〈14〉系統廃止の際には、沓掛町《くつかけ》（現・四面道《しめんどう》）〜新宿駅間の青梅街道に代替バスを運行したが、次第に乗客が地下鉄丸ノ内線に移ったことから、1966年に廃止した。1966年の〈41〉系統廃止の際には、沿線に確保していた都電営業所用の土地に、都バスの志村営業所を開設。志村車庫〜巣鴨駅間に代替バスを運行したが、地下鉄6号線の開業にともに、1968年に廃止している。1967年から1972年まで6次にわたる都電の撤去とトロリーバスの廃止に際しては、既存の都バス路線が並行していた3路線を除き、37系統の代替バスが運行されている（表2-5）。

代替バスのダイヤは、当時の都電運賃20円と都バス運賃30円の差による乗客減を見込んで設定。都電時代に合わせた始発時刻の繰り上げ、最終時刻の繰り下げも行われ、宿泊勤務を増やして対応した。車両数は1966年度末の1733台から、1973（昭和48）年度末には2500台まで増加。輸送基地としてまず、1966年に堀之内営業所を都電営業所跡地に移転し、杉並営業所に改称した。続いて1968年には、トロリーバス営業所跡地に渋谷営業所戸山支所と江戸

【表2-5】都電・トロリーバスの代替バス

代替バス実施年月日	都電系統	都電運行区間	都バス系統	代替バス運行区間
1963.12. 1	14	新宿駅前～荻窪駅前	79	沓掛町～新宿駅
1966. 5.29	41	志村橋～巣鴨車庫前	105乙	志村車庫～巣鴨駅
1967.12.10	1	品川駅前～上野駅前	501	品川車庫～上野駅
	2	三田～東洋大学前		
	3	品川駅前～飯田橋	503	目黒駅～四谷見附
	4	五反田駅前～銀座二丁目	504	五反田駅～新橋
	5	目黒駅前～永代橋	505	目黒駅～永代橋
	6	渋谷駅前～新橋	506	渋谷駅～新橋
	8	中目黒～築地		
	37	三田～千駄木二丁目	537	三田～上野駅
	40	神明町車庫前～銀座七丁目	537乙	駒沢駅～東京駅北口
1968. 2.25	11	新宿駅前～月島	511	新宿駅西口～晴海埠頭
	35	巣鴨車庫前～西新橋一丁目	535	巣鴨駅～浜松町
1968. 3.31	17	池袋駅前～数寄屋橋	517	池袋駅東口～数寄屋橋
1968. 9.29	9	渋谷駅前～新佃島	509	渋谷駅～豊海埠頭／新佃島
	10	渋谷駅前～須田町	510	渋谷駅～御茶ノ水駅
	15	高田馬場駅前～茅場町	515	小滝橋車庫～兜町
	25	西荒川～須田町		
	39	早稲田～厩橋	539	早稲田～上野広小路
1969.10.26	7	四谷三丁目～泉岳寺前	507	品川車庫～四谷駅
	21	三ノ輪橋～水天宮前	521	東京球場～水天宮
	30	東向島三丁目～須田町	530	東向島広小路～須田町
	31	三ノ輪橋～都庁前	531	東京球場～都庁前
	33	四谷三丁目～浜松町一丁目	533	浜松町駅～四谷片町
	34	渋谷駅前～金杉橋	534	渋谷駅～新橋
1970. 1.27	12	新宿駅前～岩本町	512	新宿駅西口～岩本町
	13	新宿駅前～岩本町	513	新宿駅西口～岩本町
1971. 3.18	16	大塚駅前～錦糸町駅前	516	大塚駅～錦糸町駅
	19	王子駅前～通三丁目	519	王子駅～東京駅八重洲口
	20	江戸川橋～須田町	520	早稲田～須田町
	22	南千住～日本橋	522	南千住～東京駅八重洲口
	36	錦糸町駅前～築地	536	錦糸町駅～築地
1972.11.12	23	福神橋～月島	門33	亀戸駅～豊海水産埠頭
	24	福神橋～須田町	上35	亀戸駅～須田町
	27	王子駅前～赤羽	王57	赤羽駅東口～豊島五丁目団地
	28	錦糸町駅前～日本橋	東22	錦糸町駅～東京駅北口
	29	葛西橋～須田町	草28	葛西橋～神田駅
	38	錦糸堀車庫前～門前仲町	錦14	錦糸町駅～門前仲町

代替バス実施年月日	トロリーバス系統	トロリーバス運行区間	都バス系統	代替バス運行区間
1968. 3.31	102	品川駅前～池袋駅前	602	池袋駅～渋谷駅
	103	池袋駅前～亀戸駅前	603	池袋駅～亀戸駅
	104	池袋駅前～浅草雷門	604	池袋駅～浅草雷門
1968. 9.29	101	今井～上野公園	601	今井～上野公園

川営業所今井支所を新設。洲崎営業所を東雲《しののめ》に移転し、深川営業所としている。1971（昭和46）年には、都電営業所跡地の大塚営業所巣鴨分所が営業所に昇格。同じく市電営業所跡地に早稲田営業所を新設した。さらに1972年には、電車営業所跡地に千住営業所南千住分車庫を開設。荒川放水路の東側に葛西営業所を新設している。

バス運転手の確保も大きな課題だった。まずは大型二種免許を持つトロリーバス運転士を都バスに配置転換。免許のない軌道部門の職員も、大型二種免許を取得する条件つきで都バスへの配転を行った。さらには新規採用者の募集も開始。高度経済成長期の慢性的な労働力不足が続くなかで、さまざまな媒体を活用するとともに、当時37歳以下だった年齢制限も緩和したという。

高度経済成長期の労働力不足は、すでに1960年代の初めから、女性車掌の必要人数の確保をも困難にしていた。都電の撤去にともなう運行車両数の急増を目前に控え、人員削減を通して経営再建にも貢献する都バスのワンマン化は急務となっていた。そこでまず、1区運賃で収受が容易な短距離系統9路線を選び、1965年からワンマンカーの運行を開始。その後、区間制だった都区内の運賃が1967年に地帯性、1974（昭和49）年に均一制となり、運賃収受が簡便化されたこともあり、1978（昭和53）年度には全系統のワンマン化を完了した。局外配転を希望する女性車掌は、一般事務職への転職試験を受験し、他の部局へ異動していった。

ところで、交通需要の変化の影響を受けたのは、都電・トロリーバスだけではない。なかでもモータリゼーションの進行による都心部の渋滞は、都バスにとっても大きな痛手だった。1950年代後半に時速16㎞台だったバスの平均速度が、1965年度には13㎞台まで落ち込み、乗客からの信頼を失っていた。また1960年から1970（昭和45）年にかけて、都区内の地下鉄の一日平均乗客数が87万人から363万人に躍進したのに対し、バスと軌道を合わせた路面交通機関は417万人から305万人に減少し、都心の足の主役はもう地下鉄に変わっていた。

このような環境のなかで、都バス自体の路線再編も本格的に開始された。地下鉄網の拡充、国鉄・私鉄との直通運転の開始により、役割を終えた民営バスとの相互乗り入れ路線は、廃止または路線区域の境界で分割された。同じ時期に運行開始した「初詣バス」も廃止された。こうして1967年から1973年にかけて、36系統の廃止、24本の短縮が行われている。

一方で、都電・トロリーバス代替路線37系統のほかにも、地域需要をとらえ利用者を獲得するため、16系統の新設が行われた。さらには、新たな運行形態に取り組むケースも見られた。1967年には、東急との相互乗り入れで東京駅～桜新町間を結んでいた〈東83〉系統に、首都高速3号線経由の通勤高速バスを設定。これが好評だったことから、同じく東急と相互乗り入れする東京駅～等々力間〈東98〉系統でも、首都高速2号線経由の通勤高速バスを運行開始した。

同じ1967年には貸切バス事業のなかで、盲学校・聾学校・養護学校の送迎輸送を開始した。また1969（昭和44）年には、西銀座を起点として、荻窪行きと辰巳団地行きの2系統、深夜バスの運行を開始した。しかし、これについては利用者が伸びず、1974年に廃止されている。

自主再建下で取り組まれた都バス路線の再編（1970年代）

法定再建の指定を受けた東京都交通局など13の地方公営交通団体は、それぞれに再建計画を立て財政の立て直しに努めた。しかし、モータリゼーションによる渋滞の発生と輸送効率の低下、乗客の減少などにより、全国的に公営交通の経営状態は悪化。財政再建の目標を達成したのは、わずか3団体だった。このため政府は1973（昭和48）年、地方公営交通事業の経営の健全化の促進に関する法律を制定。同年度を初年度とし、おおむね5年間を期間とする、第2次法定財政再建計画を策定した。東京都交通局も第2次法定再建の対象団体に入っていたが、土地活用の再検討などで不良債務と累積欠損金の解消を図り、自主再建の道を歩むこととなった。

法定再建終了から自主再建による第2次財政再建開始までの間の1974（昭和49）～76（昭和51）年度にも、少数ながらバス路線の再編を実施。7系統の新設、4系統の廃止、4系統の短縮が行われた（表2-6）。新設系統はいずれも地域開発や住民要望にもとづくもので、品川駅東

【表2-6】1974〜1976年度の路線の再編

●地域開発・住民要望にもとづく新設路線

実施月日	系統	運行路線
1974. 5.10	亀21	亀戸駅前〜東陽町駅前
7. 1	品98	品川駅東口〜大井埠頭
1975. 4. 1	梅76	吉野〜上成木
8. 1	梅77	青梅車庫前〜河辺駅前
10. 1	北47	北千住駅〜足立清掃工場
12. 7	新小29	葛西駅前〜東新小岩四丁目
1976. 3. 1	黒77	目黒駅前〜千駄ヶ谷駅前
10.10	木11	木場操車所〜新木場
1977. 3.26	葛西20	堀江町（なぎさニュータウン）〜葛西駅前

●廃止路線

実施月日	系統	運行路線
1975. 5. 5	東40	三ノ輪駅〜東京駅北口
9. 3	東50	常盤台教会〜東京駅北口（国際興業バスと相互乗り入れ）
1976.10.10	里12	日暮里駅〜晴海埠頭
1977. 3.26	新小20	新小岩駅〜堀江町（堀江団地）

●短縮路線

実施月日	系統	新	旧
1974. 7. 1	水59	巣鴨駅前〜一ツ橋	巣鴨駅前〜浜松町駅
8.15	錦27	小岩駅〜箱崎町（京成バスと相互乗り入れ）	小岩駅〜新橋駅
8.25	東84	渋谷駅〜東京駅南口（東急バスと相互乗り入れ）	経堂駅〜東京駅南口
1976.10.10	門19	有明橋〜門前仲町	新都橋〜東京駅南口

口〜大井埠頭間の〈品98〉系統、木場操車所〜新木場間の〈木11〉系統は、のちに東京都港湾局による公共負担の対象となっている。また多摩エリアでは、青梅市北部の山間地域から西武バスが撤退したため、市から都バスの運行を求められた。そこで、〈梅70〉青梅〜阿佐ヶ谷駅間のワンマン化で余力が生じた運転手を活用し、〈梅76〉吉野〜上成木間、〈梅77〉青梅〜河辺駅間の2系統を新設している。

一方、廃止系統・短縮系統は都心と郊外を結ぶ長距離路線が中心で、交通需要の変化によって都バスとしての役割を終えたものだった。

新たな試みとしては1974年、ミニバス〈東01〉系統が開業している。これは都心部の乗用車などによる業務交通を吸収し、道路渋滞の緩和、公害の低減、エネルギー資源の節約を図ろうとしたもの。東京駅から霞が関の官庁街を経由して新橋駅に至るルートで運行され、トヨタ自動車から無償提供されたマイクロバスが使用された。

1977（昭和52）年には、いよいよ第2次財政再建がスタートする。再建の柱となる路線再編については、山手線内側の都心部における地下鉄開業の影響、利用者の乗車区間の短距離化、定時性の確保と頻発運行、鉄道整備にともなう長距離路線の使命の喪失、埋め立て地区や江戸川区南部地区など新興地域の生活路線の充実などを考慮し、次のような基本方針が策定された。
①利用者の徒歩許容距離を500mと想定し、バスのネットワークを確立して路線の単純化と集約化を図る。
②長距離系統または著しく利用度の低い系統の廃止・短縮を行い、地下鉄とバスの輸送分担を明確にする。
③開発地域や交通不便地域における生活路線の新設・充実と、需要に見合った既存路線の適正化を図る。

この結果、1977～79（昭和54）年度にまず、26系統の廃止、15系統の短縮、1系統の分割が行われた（表2-7）。とくに、民営バスとの相互乗り入れ路線はその多くが廃止され、首都高速経由の通勤高速バスを含む〈東83〉系統も廃止された。都電代替路線のなかでバス転換後に利用が落ち込んだものも廃止され、亀戸駅～須田町間の〈上35〉系統や渋谷駅～御茶ノ水駅間の〈茶80〉系統などが姿を消している。

【表2-7】1977～1979年度の路線の再編

●廃止系統

廃止年月日	系統	運行区間
1977.12.16	草32	押上駅～東日本橋駅
	上34	市川駅～上野広小路
	上35	亀戸駅～須田町
	草40	千住車庫～浅草橋
	東52	常盤台教会～東京駅北口
	橋68	豊島園～新橋駅
	東72	新宿駅西口～東京駅八重洲口
	高79	高円寺駅北口～代田操車所
	東80	恵比寿駅～東京駅南口
	東84	渋谷駅～東京駅南口
	東85	幡ヶ谷～東京駅八重洲口
	宿97	世田谷野沢～新宿駅東口
1978.11. 1	王53	志村車庫～池袋東口
	王54	常盤台教会～王子駅
	東55	志村車庫～東京駅北口
1979.11.23	市02	新宿駅西口～築地中央市場
	学04	池袋駅東口～小石川五丁目
	飯62	池袋サンシャインシティ～九段下
	宿75	清水操車所～新宿駅西口
	草79	新宿車庫～浅草公園
	茶80	渋谷駅～御茶ノ水駅
	東83	桜新町～東京駅南口
	東91	品川車庫～東京駅北口
	橋99	五反田駅～新橋駅
1979.12.17	東94	品川車庫～東京駅八重洲口
1980. 3.16	秋72	新宿駅西口～岩本町

また、都心を起終点とする路線の一部は地下鉄並行区間が短縮され、〈橋62〉池袋駅東口～新橋駅間は〈飯62〉池袋駅東口～九段下間、〈橋88〉渋谷駅～新橋間は〈渋88〉渋谷駅～東京タワー間となったほか、〈市02〉新宿駅西口～築地中央市場間は全区間が廃止された。さらに「学バス」

●短縮・分割系統

実施年月日	系統	新	系統	旧
1977.12.16	白61	練馬車庫～新宿駅西口	白61	豊島園～新宿駅西口
	飯62	池袋駅東口～九段下	橋62	池袋駅東口～新橋駅
	飯64	小滝橋車庫～東京駅北口	飯64	小滝橋車庫～茅場町
	宿73	新代田駅～新宿駅西口	宿73	代田操車所～新宿追分
	宿75	清水操車所～新宿駅西口	東75	清水操車所～東京駅南口
	中77	新代田駅～中野駅	中77	代田橋～江古田駅
	東94	品川車庫～東京駅八重洲口	東94	池上駅～東京駅八重洲口
1978.11. 1	黒10	目黒駅～東京駅南口	黒10	目黒駅～永代橋
	新小21	新小岩駅～葛西駅	新小21	新小岩駅～浦安終点／葛西駅
	亀29	亀戸駅～葛西駅	亀29	亀戸駅～浦安終点／堀江町
	北48	竹の塚駅～北千住	上48	竹の塚駅～秋葉原駅
1978.12.21	錦28	今井～錦糸町駅	東28	今井～東京駅北口
1979.11.23	茶51	駒込駅～東京駅八重洲口	茶51	駒込駅～新橋駅
	中63	下田橋～国立医療センター	橋63	下田橋～新橋駅
	橋63	大久保駅～新橋駅		
	渋88	渋谷駅～東京タワー	橋88	渋谷駅～新橋駅
1979.12.17	東90	五反田駅～東京駅八重洲口	東90	丸子橋～東京駅南口

のひとつ、池袋駅東口～小石川五丁目間の〈学04〉系統は、東京教育大学が1978（昭和53）年に閉学となったのち、翌年の秋に廃止されている。

このほか、生活路線ではない「劇場バス」なども大幅に縮小されたが、運賃収入が経費に満たない赤字額を主催者が負担する契約を交わした路線については、運行が継続されている。

これらの再編が行われた結果、志村営業所の周辺路線は全廃され、同営業所は所管路線から離れた非効率な存在となった。このため、残った所管路線を北・杉並両営業所に移管したうえ、1982（昭和57）年に廃止された。また、営業所の土地を有効活用するため、老朽化した営業所を建て替える際、空中権の都への売却または貸し付けにより、都営住宅の建設が行われた。1968（昭和43）年には品川、1971（昭和46）年には渋谷と早稲田、1974年には南千住、1977年には江東と葛西の各営業所が、都営住宅並存型に建て替えられている。

路線再編と並行して、サービス向上への努力も行われた。1973年には敬老乗車証、1975（昭和50）年には民営バスとの共通定期券、1977年には一日乗車券、1978年には都バスフリーカード（都区内の都バスに乗り降り自由の定期券）を発売。停留所の整備も進められ、電照式標柱への変更や上屋の設置などが行われた。1978年には東急・京王・関東・西武の各社と共同で、新宿駅西口バスターミナルにバスロケーションシステムを試験導入している。

一方、大阪万博が開催された1970（昭和45）年、貸切バス事業は最盛期を迎えていた。年間乗客数は1972（昭和47）年、53万7000人とピークに達した。そんななか、貸切バスとして開始した養護学校などへの通学バスを、特定自動車運送事業として切り離すことになった。特定自動車運送事業とは、特定の範囲の乗客のみを目的地へ運送する事業であり、乗合、貸切とは別にこの年、新たに発足したものである。これに先立ち、特定バス専用車両の開発が行われた。通学バスは従来、貸切バス車両を使用してきたため、車椅子利用者は車椅子を折りたたまなければ乗降できず、児童・生徒本人はもちろん、保護者や教職員にとっても負担になっていた。そこで教育庁では都立特殊スクールバス整備委員会を設置。車両の抜本的な改造などを検討し、交通局に試験運行を要請した。これを受けて交通局は、車椅子ごと乗降できるリフトつき車両を開発。1973年から運行を開始した。その結果、教育庁は肢体不自由児通学バス全コースのリフトつき車両化とコースの大幅増を計画。交通局は特定自動車運送事業の免許を取得し、これに応えた。こうして特定バスは、1973年度の22コースから1974年度には41コース、1975年度には65コースと事業規模を拡大。ただし運転手と車掌の2人乗務で、収支の採算がとれなかったため、1975年度からは都の一般会計から特定自動車事業補助金を受けることになった。

路線再編から新たな需要に対応する時代へ（1980年代）

第2次財政再建計画による路線再編は1979（昭和54）年に終了。その後は出入庫路線の営業化など、わずかな路線変更だけが行われた。しかし経営環境は依然として厳しく、1982（昭和57）年から、第3次財政再建計画への取り組みが開始された。財政再建の柱となる路線再編については、次のような基本方針が策定された。

①並行系統を集約化することにより、バス路線の単純化を図る。
②利用度の低い系統および区間は、鉄道または他のバスとの代替性を考慮して廃止する。

③団地など地域開発による新たな交通需要に対しては、系統の新設を含めて対応する。
④港湾埋め立て地のバス路線を見直し、先行開発的要請に応じる場合は公共負担を前提に存続を図る。
⑤青梅地区のバス路線は過疎バスに準ずるものとして、公共負担を前提に存続を図る。

廃止路線の選定に際しては、1980（昭和55）年に実施されたOD調査（起終点調査）をもとに、1983（昭和58）年度の計画完了時点の収支を推定し、一日の利用者が4000人未満、乗車密度（各乗客が乗車したキロ数の累計÷走行キロ）が10人未満、廃止による影響人口（乗り換え回数が2回以上になる人員）が400人未満、500m以内に他の交通機関がある、という4つの基準すべてに該当する低利用系統が選択された。

この結果、1982～83年度に、6系統の廃止、12系統の短縮、6系統の経路変更、4系統の新設が行われた（表2-8）。1974（昭和49）年にスタートした官庁街のミニバスは、乗用車などからバスへの移乗が進まず、全路線のなかで最も悪い営業係数となって廃止された。また短縮された〈東82〉〈宿91〉は、いずれも東急との相互乗り入れ路線だったが、短縮により都バスエリア内の単独運行となった。新設系統は前述の基本方針に則り、首都高速東京港トンネル経由の〈海01〉系統など、湾岸地区が中心となった。

【表2-8】1982～1983年度の路線の再編

●新設系統

実施年月日	系統	運行区間
1982.12.26	反96	五反田駅～（循環）～五反田駅
	海01	門前仲町～品川駅東口
1983. 3.25	品91	品川駅東口～大井町駅東口
1983.12.23	葛西24	葛西駅～なぎさニュータウン

●廃止・統合系統

実施年月日	系統	運行区間	備考
1982.12.26	東96	五反田駅～東京駅八重洲口	
	中77	新代田駅～中野駅	
	橋78	新宿車庫～新橋駅	
	里48乙	日暮里駅～千駄木二丁目～日暮里駅	
	北48	北千住駅～竹の塚駅	並行する北47と統合
1983. 8.22	東01	新橋駅～東京駅北口	ミニバス

●短縮系統

実施年月日	系統	新	系統	旧
1982.12.26	錦11	錦糸町～築地	錦11	錦糸町駅～有楽町駅
	飯64	小滝橋車庫～九段下	飯64	小滝橋車庫～東京駅北口
	池67	池袋駅東口～一ツ橋	楽67	池袋駅東口～有楽町駅
	銀16	東京駅南口～豊海水産埠頭	銀86	渋谷駅～豊海水産埠頭
	東42	南千住～東京駅八重洲口	東42	南千住～岩本町駅／東京駅八重洲口
	池65	練馬車庫～池袋東口	池65	練馬車庫～池袋サンシャインシティ
	秋26	葛西駅～秋葉原駅	東26	葛西車庫～東京駅八重洲口／秋葉原駅
	上37	青戸車庫～上野松坂屋	上37	青戸車庫～須田町
	浜95	品川車庫～東京タワー	浜95	品川車庫～四谷片町
	門19	門前仲町～有明橋	門19	門前仲町～豊洲鉄鋼埠頭
1984. 2.16	東82	渋谷駅～東京駅八重洲口	東82	等々力～東京駅八重洲口
	宿91	野沢銀座～新宿駅西口	宿91	大森操車所～新宿駅西口

●経路変更

実施年月日	系統	新		旧
1982.12.26	茶60	池袋駅東口～豊島区役所～御茶ノ水駅		池袋駅東口～サンシャインシティ～御茶ノ水駅
	北47	北千住駅前～竹ノ塚駅前～足立清掃工場		北千住駅前～足立清掃工場
1983.12.23	新小21	新小岩駅～船堀駅～西葛西駅		新小岩駅～西葛西駅
	錦28	錦糸町駅～船堀駅～今井		錦糸町駅～今井
1984. 3.31	都01	渋谷駅～南青山七丁目～新橋駅	(橋89)	渋谷駅～南青山五丁目～新橋駅
	渋88	渋谷駅～南青山五丁目～東京タワー		渋谷駅～南青山七丁目～東京タワー

第3次財政再建計画では、バス事業のシステム化も進められた。1981(昭和56)年1月に開発プロジェクトチームが結成され、事務管理システムと運行管理システムに分けて検討が行われた。そして1982年4月、まずは早稲田営業所にパイロットシステムが導入された。事務管理システムでは、乗務記録の機械化を中心に大幅な省力化を実現。運行管理システムでは、所管の〈池86〉〈上58〉〈早77〉系統にバスロケーションシステムが導入された。この早稲田型のシステムをひな形として、改良を重ねながら順次、すべての営業所・支所へと展開。1985(昭和60)年度中には、事務管理システムと運行管理システムの完全オンライン化が実現された。

なお、都営地下鉄新宿線の延伸に合わせ、地下鉄とバスの円滑な連絡を図るため、1983年に船堀駅、1986(昭和61)年に一之江駅に、バス・レールシステムが導入された。また、多摩地域ではワンマン化以来、乗車時に降車停留所を申告することによる前乗り先払い方式が採用されてきたが、1985年から整理券が導入され、中乗り後払い方式に変更されている。

3次にわたる財政再建計画の間に、大都市公共交通の体系は著しく変貌した。東京都交通局においても、1982年度の一日平均乗客数はバス約91万人、軌道約7万人、地下鉄約109万人となり、1977(昭和52)年度と比べバスが19万人、軌道が1万3000人減少しているのに対し、地下鉄は26万人増加した。同時に地下鉄事業における支払利子の負担が大きくなり、財政状況はきわめて深刻だった。そこで交通局は1984（昭和59）年、都営交通が将来にわたって公共交通としての役割を果たしていくため、内部努力により企業として効率的な経営をめざす経営健全化計画を策定。このなかには「バス復権」が掲げられ、鉄道にはない簡便さや機動性というバスの特性を生かし、快適で魅力ある交通機関として、地域の特性に応じたバス機能の回復を図るとされた。計画期間は1984（昭和59）～90（平成2）年度で、期間中の路線再編により、5系統の新設、8系統の廃止・統合、54系統の延長・短縮が行われた（表2-9）。

「バス復権」の目玉として登場したのが、「都市新バス」である。「都市新バス」とは、運輸省が公共交通機関としてのバスの利用促進、省エネルギー・低公害の効率的輸送形態の確立を目的として、情報サービス機能だけではなく、総合的な都市型バスシステムに対して補助金を与えるというもの。認定基準は、バスロケーションシステムの導入、運行管理システムの導入、乗り心地の良い都市型車両の導入、停留所の上屋やシェルターなどの整備、走行環境を改善するバス専用レーンなどの導入などで、交通局は1983年度に補助金を受けた。

こうして1984年3月、「都市新バス」第1号として、渋谷駅前～六本木～新橋駅前間〈都01〉系統の運行を開始。都電代替の幹線〈橋89〉系統の一部経路を変更し、前記の認定基準を満たす運行システムと地上設備、車両を導入して再生させた。一般公募により「グリーンシャトル」

【表2-9】1984～1990年度の路線の再編

●新設系統

新設年月日	系統	運行区間
1984. 6. 3	西葛27	西葛西駅～陸上競技場
1985. 7.20	海02	東陽町駅～フェリー埠頭南ターミナル
1986. 4.17	四80	四谷駅～赤坂アークヒルズ
1987. 1.14	新小20	一之江駅～東新小岩三丁目
1988. 6. 8	都05	東京駅丸の内南口～晴海埠頭

●廃止系統

廃止年月日	系統	運行区間
1985.12.15	立73	八王子駅北口～立川駅北口
1988. 6. 8	橋14	深川車庫～新橋
	東18	東京駅丸の内南口～門前仲町
1988.10.16	中63	下田橋～国立病院医療センター

●統合系統

実施年月日	系統	新	系統	旧
1990. 3.31	新小29	葛西駅～松江～東新小岩四丁目	新小29	葛西駅～一之江橋西詰～東新小岩四丁目
			新小27	春江町終点～松江～東新小岩四丁目
	渋88	渋谷駅～東京駅八重洲口	東82	渋谷駅～東京駅八重洲口
			渋88	渋谷駅～東京タワー
	宿91	野沢銀座～新宿駅西口	宿91	野沢銀座～新宿駅西口
			宿73	新代田駅～新宿駅西口
1990. 7.21	都02	大塚駅～錦糸町駅	都02	大塚駅～錦糸町駅
	都02乙	池袋駅東口～文京区役所	池67	池袋駅東口～一ツ橋

●分割系統

実施年月日	系統	新	系統	旧
1990. 7.21	上26	亀戸駅～上野公園	上26	今井～上野公園
	亀26	今井～亀戸駅		

の愛称もつけられた。その結果、1983年度に1万5600人だった一日あたり乗客数が1984年度には2万3000人、1989（平成元）年度には3万1900人まで増加。この好調を受け、以後、交通局は独自の予算で「都市新バス」の整備を進め、1986年には〈都02〉大塚駅前～錦糸町駅前間「グリーンライナー」、1988（昭和63）年には〈都03〉新宿駅西口～晴海埠頭間・〈都04〉東京駅丸の内南口～豊海水産埠頭間・〈都05〉東京駅丸の内南口

●延長系統

実施年月日	系統	新	系統	旧
1985. 3.30	葛西24	船堀駅～葛西駅～なぎざニュータウン	葛西24	葛西駅～なぎさニュータウン
1986. 1.18	西葛27	西葛西駅～紅葉川高校前	西葛27	西葛西駅～陸上競技場
1986. 3.26	葛西24乙	葛西駅～コーシャハイム南葛西	葛西24甲	船堀駅～なぎさニュータウン
1986. 9. 1	東42乙	南千住～都立産業労働会館前～浅草雷門	東42甲	南千住～今戸～東京駅八重洲口
1988. 3. 1	品98	品川駅東口～大井埠頭バンプール～大井町駅東口	品98	品川駅東口～大井水産物埠頭～大井町駅東口
1988. 3.22	東15乙	東京駅八重洲口～住友ツインビル	東15甲	深川車庫～辰巳橋～東京駅八重洲口
1988. 6. 8	海01乙	門前仲町～青海流通センター	海01甲	門前仲町～品川駅東口
	木11	東陽七丁目～新木場駅～東陽七丁目	木11	木場三丁目～新木場駅～木場三丁目
1988.10.31	王40乙	王子駅～トンボ鉛筆～王子駅	王40甲	池袋駅東口～西新井駅
1988.12. 1	新小29乙・丙	一之江駅／コーシャハイム南葛西～葛西臨海公園駅	新小29甲	葛西駅～東新小岩四丁目
	西葛20乙	西葛西駅～葛西臨海公園駅	西葛20甲	西葛西駅～なぎさニュータウン
1989. 1.23	王40丁	西新井駅～江北橋下～池袋駅東口	王40甲	池袋駅東口～西新井駅
	東43乙	荒川土手～江北橋下～東京駅丸の内北口	東43甲	荒川土手～東京駅丸の内北口
1989. 3.27	西葛27	西葛西駅～臨海町二丁目	西葛27	西葛西駅～紅葉川高校前
1989. 4.10	東22乙	東京駅丸の内北口～IBM箱崎ビル前	東22甲	錦糸町駅～東京駅丸の内北口
1989. 5. 6	品98丙	品川駅東口～大田市場	品98甲	品川駅東口～大井埠頭バンプール～大井町駅東口
1990. 3.10	木11乙	東陽町駅～潮見駅	木11甲	東陽七丁目～新木場駅～東陽七丁目
1990. 3.31	亀29	なぎさニュータウン～亀戸駅	亀29甲	葛西駅～亀戸駅
1990. 3.18	夢01	錦糸町駅～新木場駅	木11甲	東陽七丁目～新木場駅～東陽七丁目
1990. 3.31	錦28乙	東大島駅～平井駅	錦28甲	船堀駅～錦糸町駅
1990. 7.22	梅01	青梅駅～玉堂美術館前	梅76丙	青梅～吉野
1990.11. 5	門33(折)	墨田区役所～豊海水産埠頭	門33	亀戸駅～豊海水産埠頭

●短縮系統

実施年月日	系統	新	系統	旧
1984. 4. 1	梅70	青梅～田無本町二丁目	梅70	青梅～阿佐ケ谷駅
1985. 3.30	葛西20	なぎさニュータウン～西葛西駅	葛西20	なぎさニュータウン～葛西駅
1986. 9.14	錦28	船堀駅～錦糸町駅	錦28	今井～錦糸町駅
	新小24	篠崎駅～東新小岩四丁目	新小24	今井～東新小岩四丁目
1988.12. 1	海02	新木場駅～フェリー埠頭南ターミナル	海02	東陽町駅～フェリー埠頭南ターミナル
1989. 4.24	錦27	小岩駅～両国駅	錦27	小岩駅～箱崎町
1990. 3.31	草43	千住車庫～浅草雷門	草43	千住車庫～東神田
1990. 6.30	反90甲	五反田駅～品川駅	東90	五反田駅～東京駅八重洲口
	反90乙	五反田駅～三田駅		
1990. 7.21	高71	高田馬場駅～九段下	高71	高田馬場駅～東京駅丸の内北口
1990.12.20	王30	王子駅～亀有駅北口	王31	王子駅～綾瀬駅
			王30	王子駅～亀有駅
1990.12.21	錦28	東大島駅～錦糸町駅	錦28	船堀駅～錦糸町駅

〜晴海埠頭間「グリーンアローズ」、1990年には〈都06〉渋谷駅前〜赤羽橋〜新橋駅前間「グリーンエコー」、1992（平成4）年には〈都07〉錦糸町駅前〜門前仲町間「グリーンスター」、1994（平成6）年には〈都08〉日暮里駅前〜錦糸町駅前間「グリーンリバー」の運行を開始している。

また、都心の地価高騰による住宅地のさらなる郊外化と都市活動の24時間化による、深夜の乗客需要に応えるため、1988年から深夜バス「ミッドナイト25」の運行を開始。〈深夜01〉渋谷駅前〜六本木〜新橋駅前間、〈深夜02〉王子駅前〜豊島五丁目団地間、〈深夜03〉西葛西駅前〜コーシャハイム南葛西間、〈深夜04〉日暮里駅前〜足立流通センター間の4路線でスタートした。こちらも好評だったため、1989年から〈深夜05〉東京駅南口〜深川車庫前間、〈深夜06〉渋谷駅前〜赤羽橋間、〈深夜07〉品川駅西口〜八潮パークタウン間、〈深夜08〉錦糸町駅前〜境川〜錦糸町駅前間、〈深夜09〉新宿駅西口〜池袋駅東口間、〈深夜10〉西葛西駅前〜臨海町二丁目団地〜西葛西駅前間の6路線の運行を開始している。

さらに、都心から郊外に向けて最終電車後の足を確保するため、1990年から銀座〜荻窪駅北口〜三鷹駅北口間の深夜中距離バスを関東と、上野駅前〜越谷駅前〜春日部《かすかべ》駅前間の深夜急行バスを東武と共同運行。1日2便とし、都バス・民営バスがそれぞれ1便ずつ担当した。

首都高速の東京港トンネル経由で品川駅とお台場地区を結んだ〈海01〉系統

自治体からの要請を受けた路線開設も行われた。1981年には台東区からの依頼により、2階建てバスによる〈二階01〉上野広小路〜浅草雷門間を開業。この人気ぶりに1989年には江戸川区からも依頼を受け、〈二階02〉小岩駅前〜葛西臨海公園駅前間を京成と共同運行した。いずれも、区から車両の無償貸与とガイドの派遣などを受けている。高層住宅の建設などにより交通需要が高まった浅草北部地域には、台東区と赤字額の公共負担の協定を結び、1986年から〈東42乙〉南千住〜浅草雷門間の運行を開始。さらに同区からの要請により、1991年には秋葉原駅前まで延長した。堤通地区と両国地区を結ぶ路線については、墨田区との協定により、1991年に〈墨38〉東京都リハビリテーション病院前〜両国駅前間の運行を開始している。

このころ、港湾埋め立て地にはまだ鉄道が開通しておらず、輸送手段は路線バスに依存していた。しかし、開発途上で乗客が少なく、路線を維持することが困難だった。そこで交通局は1984年、埋め立て事業者の東京都港湾局と欠損額支払いの協定を結び、〈海01〉門前仲町～品川駅東口間のうち豊洲駅前～品川駅東口間、〈木11〉東陽七丁目～新木場循環の新木場埠頭内、〈品98〉品川駅東口～大井町駅東口と〈海02〉新木場駅前～フェリー埠頭南ターミナル間の全線の路線存続を図った。

著しい赤字路線ばかりの多摩地域では1984年、青梅市、小平市、田無市、東大和市、武蔵村山市、瑞穂町と公共負担の協定を結び、〈梅70〉青梅～田無本町二丁目間、〈梅74〉青梅～青梅第十小学校前間、〈梅76〉吉野～上成木間、〈梅77〉東青梅駅前～河辺駅北口間の運行を継続した。一方、〈立73〉八王子駅北口～立川駅北口間については八王子市、立川市、日野市と公共負担の協定を結んだものの、協定の年度改定が行われず、1985年をもって廃止されている。

これらの路線再編にともない、江戸川営業所と今井支所は統合のうえ移転され、1987年に臨海営業所が開設された。また路線を失った八王子支所は、特定バス9コースだけを担当して存続していたが、1986年、特定バスを青梅支所大和操車所に移管して廃止された。

1972（昭和47）年にピークを迎えた貸切バスは、1970年代後半から乗客数が減少。次第に収支状況が悪化した。そこでまず1981年、より積極的な営業活動を行える体制を築くため、国内旅行業の免許を持つ財団法人東京都交通局協力会に、乗客誘致、利用申し込み受け付け、料金徴収などの業務を委託した。またスタンダードタイプばかりだった車両を置き換え、1980年以降はセミデッカーやフルデッカー、セミサロンタイプなどを揃えた。さらにガイド不足を解消するため、1981年から非常勤嘱託制度を採り入れ、以後、毎年採用を行った。

こうした取り組みの結果、1980年度に19万9000人だった年間乗客数が、1985年度には29万6000人、1990年度には47万9000人まで回復し、1989年度からは経常収支が黒字に転化した。

輸送サービスを見直し、人と地球にやさしいバスを導入（1990年代）

経営健全化計画に続いて1991（平成3）年、新たな視点から21世紀の東京にふさわしい都営交通をめざす長期経営基本方針が策定された。これは交通局の経営理念を明らかにするとともに、各事業の将来像を描き、2000（平成12）年度における財政目標と事業目標を設定するものだった。都バスに関しては、大江戸線をはじめとする地下鉄の開業、都庁の新宿移転、臨海地区の発展、週休二日制の浸透などを背景とした路線の再編、地球にやさしい低公害車両、人にやさしいバリアフリー車両の導入などを通して、21世紀のあるべき姿をめざすこととなった。

【表2-10】1991～2000年度の路線の再編

●新設系統

新設年月日	系統	運行区間
1991. 4. 1	C・H01	新宿駅西口～都庁前～新宿駅西口
1991. 7. 1	墨38	東京都リハビリテーション病院～両国駅前
1991. 7. 6	木11折返	東陽町駅前～若洲キャンプ場前
1991. 7.25	品96	品川駅東口～天王洲アイル～品川駅東口
1991.11.29	平23乙折返	新四ツ木橋～浅草寿町
1992. 3.30	銀座01	東京駅八重洲口～銀座八丁目
1992. 6.19	品96乙	品川駅東口～港南五丁目～品川駅東口
1992. 9.16	品91折返	大井町駅前～天王洲アイル～大井町駅前
1993. 8.26	虹01	田町駅東口～レインボーブリッジ
	虹02	東京駅丸の内南口～レインボーブリッジ
1996. 3.30	東16	東京駅八重洲口～東京ビッグサイト
1996. 9. 1	海03	東京テレポート駅前～清掃局庁舎
1998. 3.31	快速バス	東京駅八重洲口～ホテル日航東京前・東京ビッグサイト
1998. 9. 1	業10	業平橋～東京ビッグサイト
1999. 3.12	梅77甲折返	河辺駅北口～河辺駅北口
	梅77丁	青梅駅前～河辺駅南口
1999. 3.31	AL01	東大島駅～東大島駅
1999. 6.23	葛西21	葛西駅前～葛西臨海公園駅前
1999. 7. 1	渋88	渋谷駅前～東京タワー
1999.12.15	船31	船堀駅前～小岩駅前
2000. 4. 1	虹02	品川駅東口～東京テレポート駅前
2000.12.12	AL02	豊洲駅～豊洲駅
	FL01	葛西駅前～錦糸町駅
	直行01	八潮パークタウン～大井町東口
	急行01	渋谷駅～新橋駅
	急行02	大塚駅～春日駅
	急行03	池袋駅東口～豊島五丁目団地
	急行04	西葛西駅～新小岩駅
	急行05	錦糸町駅～東京テレポート駅

●廃止系統

廃止年月日	系統	運行区間
1995. 1.21	虹02	東京駅南口～レインボーブリッジ
1996. 1. 4	深夜08	錦糸町駅～葛西橋循環
	深夜09	池袋駅東口～新宿駅西口
1999. 1.27	海01折返	品川駅東口～東京テレポート駅前
1999. 4. 1	劇06	国立劇場～池袋駅東口
1999. 6.23	葛西24乙	葛西駅前～コーシャハイム南葛西
	臨海28丙	なぎさニュータウン～葛西臨海公園駅前
2000. 2.29	銀座01	東京駅八重洲口～（循環）～東京駅八重洲口
2000.10. 1	二階02	小岩駅前～葛西臨海公園駅前
2000.12.12	黒10	目黒駅～東京駅丸の内南口
	茶81	渋谷駅～順天堂病院
	田70	港区スポーツセンター～新宿駅西口
	秋76	新宿車庫～秋葉原駅東口
	四80	四谷駅～赤坂アークヒルズ
	水59	巣鴨駅～一ツ橋
	東17	潮見駅～東京駅八重洲口
	深夜中距離	銀座～三鷹駅北口
2001. 3.31	二階01	上野松坂屋～浅草雷門

●運休系統

運休年月日	系統	運行区間
1994. 4. 4	深夜急行	上野駅前～春日部駅西口

●分割系統

実施年月日	系統	新	系統	旧
1994. 7.21	品91	品川駅東口～大井町駅東口	品91	品川駅東口～大井町駅東口
	井96	大井町駅東口～天王洲アイル循環		大井町駅東口～天王洲アイル循環
	品98	品川駅東口～大井町駅東口	品98	品川駅東口～大井町駅東口
	井98	大井町駅東口～大井水産物埠頭		大井町駅東口～大井水産物埠頭

●延長系統

実施年月日	系統	新	系統	旧
1991. 6.24	東42乙	南千住～秋葉原駅前	東42乙	南千住～浅草雷門
1992. 4. 1	梅70	青梅駅前～柳沢駅前	梅70	青梅駅前～田無本町二丁目
1993. 3.31	宿91	駒沢陸橋～新宿駅西口	宿91	野沢銀座～新宿駅西口
1993. 9. 7	東15乙	東京駅八重洲口～豊洲駅前	東15乙	東京駅八重洲口～住友ツインビル
1994. 7.21	井91	大井町駅東口～大田市場	品91	品川駅東口～大井町駅東口
1996. 3.30	海01折返	門前仲町～東京テレポート駅前	海01折返	門前仲町～有明一丁目
		門前仲町～東京ビッグサイト		
1996. 7.20	新小20	東新小岩四丁目～一之江駅前	新小20	東新小岩三丁目～一之江駅前
1996.12. 2	草39	金町駅前～上野松坂屋前	草39	金町駅前～浅草寿町
1997. 2. 3	虹01	浜松町駅～国際展示場駅前	虹01	港区スポーツセンター～レインボーブリッジ
1997. 4.21	池65乙	練馬車庫前～池袋東口		(支線新設)
1997. 7.22	上58	早稲田～上野駅前	上58	早稲田～上野松坂屋前
	上69	小滝橋車庫前～上野駅前	上69	小滝橋車庫前～上野広小路
1998. 3.31	品91甲折返	大井町駅東口～八潮パークタウン		(支線新設)
1998. 4. 6	梅74甲	裏宿町～小曽木・黒沢～裏宿町	梅74甲	青梅車庫～小曽木・黒沢～裏宿町
	梅76甲	裏宿町～上成木	梅76甲	青梅車庫～上成木
	梅77甲	裏宿町～河辺駅北口	梅77甲	青梅車庫～河辺駅北口

●短絡系統

実施年月日	系統	新	系統	旧
1991.11.29	王49	王子駅前～千住車庫前	王49	駒込駅前～千住車庫前
1995. 4.29	海01折返	門前仲町～有明一丁目	海01折返	門前仲町～有明橋
1995. 7. 1	上46	南千住汐入～上野松坂屋前	上46	汐入都営住宅～上野松坂屋前
1996. 3.30	海01折返	品川駅東口～東京テレポート駅前	海01折返	品川駅東口～海上公園前
	海01乙	東京テレポート駅～青海流通センター	海01乙	門前仲町～青海流通センター
1996. 7.20	錦27	小岩駅前～両国駅前	錦27	小岩駅前～箱崎町
1997. 9.30	反96	五反田駅前～溜池	反96	五反田駅前～新橋駅前
1997.12.19	新江62	大泉学園駅前～新江古田駅前	宿62	大泉学園駅前～新宿駅西口
2000.12.12	橋86	目黒駅～新橋駅	橋86	目黒駅～日本橋三越
	反96	五反田駅～五反田駅（循環）	四92	品川車庫～四谷駅
			反96	五反田駅～溜池
	渋88	渋谷駅～新橋駅北口	渋88	渋谷駅～東京駅丸の内南口
	都03	四谷駅～晴海埠頭	都03	新宿駅西口～晴海埠頭
	茶51	駒込駅南口～御茶ノ水駅	茶51	王子駅～東京駅丸の内北口
	両28	葛西橋～両国駅	草28	葛西橋～神田駅

路線再編については、1991年度から2000年度にかけて29系統の新設、18系統の廃止、1系統の運休、2系統の分割、16系統の延長、15系統の短縮が行われた（表2‐10）。

新設系統がめだつのは臨海副都心で、これは東京ビッグサイトの開設やフジテレビなどの企業移転、デックス東京ビーチやパレットタウンといったレジャー施設のオープン、高層マンションの林立などにより、急増した交通需要に応えたものだ。1996（平成8）年には東京駅八重洲口～東京ビッグサイト間〈東16〉系統を運行開始。2000年には東京テレポート駅前まで延長した。1997（平成9）年には〈虹01〉系統の起終点を変更。レインボーブリッジ経由で浜松町駅と国際展示場駅を直結した。1998（平成10）年には東京駅八重洲口～臨海副都心間の快速バスを運行開始。2000年には東京駅丸の内南口発着の副都心循環路線に変更し、貸切減車で余剰となった観光バス車両を投入した。2000年には錦糸町駅前～東京テレポート駅前間に土日祝日運行の〈急行05〉系統を新設。あわせて、ビッグサイトの大規模イベントなどの際、臨海副都心とJR山手線・地下鉄有楽町線などの各駅とを結ぶ臨時急行路線も設定している。

〈急行05〉系統は「ラピッドバス」と名づけられた急行運転路線で、同時に5系統がスタートしている。こうした新たなバスサービスが開始されたのも、1990年代の特徴といえよう。1999（平成11）年には住宅地域と鉄道駅を短時間で結ぶ「アクセスライン」を開業。まずは東大島駅前を起点とする循環路線〈ＡＬ01〉系統を中型バス、都バス初の１００円運賃によって運行開始した。２０００年には土日祝日の繁華街への買い物需要に応える「フレキシブルバス」を開業。葛西駅前～錦糸町駅前を結ぶ〈ＦＬ01〉系統を運行開始した。また同年には大規模団地とターミナル駅を直結する「ダイレクトバス」も開業。大井町駅東口を起点に八潮パークタウンを循環する〈直行01〉系統を運行開始している。

地下鉄半蔵門線・南北線の延長や都営大江戸線の全通などに合わせた路線の適正化も図られた。２０００年には〈茶81〉渋谷駅前～順天堂病院前間や〈秋76〉新宿車庫前～秋葉原駅東口間などを全線廃止。〈都03〉新宿駅西口～晴海埠頭間は四谷駅前～晴海埠頭間、〈茶51〉王子駅前～東京駅丸の内北口間は駒込駅南口～御茶ノ水駅前間に、それぞれ短縮されている。

深夜バスの見直しも行われ、１９９５（平成7）年には〈深夜08〉錦糸町駅前～旧葛西橋間、〈深夜09〉池袋駅東口～新宿駅西口間が廃止された。１９９４（平成6）年には深夜急行バス、２０００年には深夜中距離バスから撤退し、それぞれ東武と関東の単独運行に変更された。

１９９２（平成4）年には中央区から「銀ブラバス」の運行を受託。銀座地区を周遊するレトロ調バスの運行を開始した。しかし利用は伸び悩み、２０００年には廃止された。１９８０年代から受託運行してきた2階建てバスも、次第に利用者が減少したため、江戸川区の路線は

２０００年、台東区の路線は２００１（平成13）年にそれぞれ運行を終了している。

１９９１年には都庁が新宿に移転。新宿駅西口から都庁第一本庁舎、第二本庁舎、都議会議事堂を循環する〈Ｃ・Ｈ01〉系統が新設された。この路線には交通局が特注したスロープ板つきワンステップバスを投入。車椅子での乗降を可能にした。ワンステップバスはその後、他路線でも使用されるようになるが、特注仕様のため非常に高価だった。そこで、市販のワンステップバスをベースにした「らくらくステップバス」や「新低床バス」が導入された。１９９７年には初めてノンステップバスが採用され、〈Ｃ・Ｈ01〉系統で使用された。ノンステップバスはその後、急ピッチで増備され、２０００年度以降の新車はすべてノンステップバスとなった。なお、京王でもノンステップバスを購入し、１９９９年から〈Ｃ・Ｈ01〉の共同運行を行っている。

低公害車両への取り組みも本格化した。１９９１年には電気式ハイブリッドバス（制動時の余力を電気として蓄え、発進時や登坂時にモーターを回してエンジン負荷を減らす車両）、１９９４年には畜圧式ハイブリッドバス（制動時の余力で窒素ガスを圧縮し、油圧モーターを回してエンジン負荷を減らす車両）を試験採用。いずれも翌年度から本格的に増備された。また１９９４年にはＣＮＧ（圧縮天然ガス）バスを採用。同年に深川営業所と臨海営業所、１９９７年に北営業所にＣＮＧ充填設備を設け、この3営業所にＣＮＧバスを配置していった。１９９９

年にはCNGノンステップバスも登場。2001年には都庁敷地内にCNG充填設備が新設されたため、新宿支所にもCNGノンステップバスが配置され、〈C・H01〉系統で使用されるようになった。

車両だけではなく、地上設備の改良、走行環境の改善も進められた。主要駅前のバスターミナルには案内板を設置。利用者のリクエストに応じて多角的な情報を提供する情報案内システム「いんふぉめいと」が、新宿駅西口ターミナルとインフォメーションセンター、渋谷駅東口ターミナル、錦糸町駅総合案内所に導入された。運行管理システムの更新も行われ、運行情報を都庁内のセンター設備に集約。この情報は各営業所の運行モニターに表示されるとともに、バス停にも提供されるようになった。これにより、接近表示装置つき標柱のバス停では、バスの接近情報と目的地までの所要時間が表示されるようになった。なお、運行管理システムの更新によって、都営新宿線船堀駅・一之江駅のバス・レールシステムは1999年度で廃止された。

警視庁との協力による走行環境改善策として、バス専用・優先レーンの拡大が進められ、2000年度末、それらの都バス管内の延長は200㎞を超えた。また1998年、臨海副都心地区において〈虹01〉系統と快速バスを対象に、PTPS（公共車両優先システム）が導入された。PTPSとは、バスの接近を道路側のセンサーが感知し、信号機の青の延長や赤の短縮を行い、バスの交差点通過をスムーズにするもの。これにより、〈虹01〉系統の所要時間は平均7％短縮された。1999年には〈東98〉系統の等々力六丁目～目黒駅前間にも導入されている。

運賃制度と乗車券類では、1993（平成5）年に磁気カード型乗車券「Tカード」の販売を開始。1994年には民営バスにも共通使用できる「バス共通カード」を発売した。「バス共通カード」の利用範囲は当初、東京23区と神奈川県だったが、のちに多摩地域と埼玉県、千葉県が加わった。1997年の夏休み期間には「都バス一日乗車券」を販売。これが好評だったため、1998年の春から通年販売された。同年には全国初の試みとして、巣鴨営業所管内で定額定期券の車内販売を開始。1999年度末までにすべての営業所に拡大した。同時に、窓口でしか購入できなかった「都バス一日乗車券」の車内販売も開始された。2000年には都営大江戸線全通にともなう路線再編に合わせ、都営地下鉄から都バスに乗り継ぐ際に100円（小児50円）の割引となる「都バス専用乗継割引カード」の販売が開始されている。

貸切バスについては1991年、バスのボディカラーとガイドの制服を一新。営業強化が図られた。しかし、景気低迷や旅行ニーズの多様化により需要が減少し、同年度には再び赤字に転落した。このため1996年度から減車を進めるとともに、東京都交通局協力会への業務委託を解消するなど事業のスリム化が図られた。また特定バスは1998年、それまで教育庁が全額負担していた車両更新費の負担を受けられなくなった。このため同年度から減車が行われ、事業規模の縮小が開始されている。

マスコット「みんくる」とともに新たな時代を走る（2000年度）

都バスが75周年を迎えた1999（平成11）年、都バスのマスコットキャラクターを一般公募。2457点のなかから「みんくる」に決定した。「みんくる」とは、「みんなのクルマ」「都民のクルマ」を縮めたもの。都バスがいつまでも都民の頼れる足でありたいという思いが込められている。以後、バスの座席や前面表示器の横、停留所などに「みんくる」をプリント。都バス路線案内図の名称も「みんくるガイド」と名づけられた。さらに、携帯ストラップやボールペン、ペンケース、ハンカチ、トートバッグなど、さまざまな「みんくるグッズ」が発売されている。

2000年代に入っても交通局を取り巻く事業環境は厳しく、より質の高い交通サービスの提供による経営基盤の強化が必要だった。社会経済状況が大きく変化するなか、乗客ニーズが多様化・高度化し、公共交通には安全確保・危機管理の徹底や環境対策なども求められた。こうした背景の

もと、交通局では新たな経営計画として「チャレンジ2001」「チャレンジ2004」「新チャレンジ2007」「ステップアップ2010」を相次いで策定し、事業に取り組んだ。

2002（平成14）年度以降、りんかい線、地下鉄半蔵門線、つくばエクスプレス、日暮里・舎人ライナー、地下鉄副都心線が延長または全線開業。都区内の鉄道網がさらに拡充された。2002年には乗合バス参入の規制緩和、2006（平成18）年には乗合旅客の規制適正化を図る道路運送法の一部改正が行われ、民営バスやコミュニティバスとの競合も起こるようになった。このため都バスでは、引き続き需要動向に合わせた路線の再編が行われた（表2-11）。

りんかい線の全線開通時には、〈虹02〉品川駅東口～東京テレポート駅前間が廃止され、〈海01〉品川駅東口～門前仲町間が東京テレポート駅前～門前仲町間に短縮された。日暮里・舎人ライナーの開業時には、全区間が並行する〈里48〉系統の減回が行われ、〈東43〉〈王49〉系統の一部が江北駅前に乗り入れた。副都心線の開業時には、全区間が並行する〈池86〉系統が大幅に減回されたほか、一部区間が並行する〈早77〉〈早81〉〈白61〉系統なども減回されている。一方、地下鉄延長によりいったん廃止した区間に、地上交通への根強いニーズが残っていることを受け、〈飯62〉小滝橋車庫前～都営飯田橋駅前間、〈宿75〉新宿駅西口～三宅坂間などが新設されている。

2002年に南千住駅東口ロータリーが完成すると、〈南千40〉〈南千48〉系統が新設されたほ

【表2-11①】2002年度以降の路線の再編

●新設系統

新設年月日	系統	運行区間
2001. 6.29	台東01	二天門〜二天門
2001. 7.20	東20	東京駅丸の内北口〜錦糸町駅
2001. 8. 1	東12	東京駅八重洲口〜晴海埠頭
2001. 8. 7	亀23	亀戸駅前〜南砂町駅前
2002. 2.25	飯62	小滝橋車庫前〜都営飯田橋駅前
	宿75	新宿駅西口〜三宅坂
	井92	大井町駅東口〜八潮パークタウン
2002. 4. 1	新小30	東新小岩四丁目〜東京臨海病院前
	西葛26	船堀駅前〜葛西臨海公園駅前
	南千40	南千住駅東口〜南千住駅東口
	南千48	南千住駅東口〜亀戸駅前
2002.12. 1	錦18	錦糸町駅前〜新木場駅前
2003. 3.17	王46	王子駅前〜加賀団地
2003.10.10	RH01	渋谷駅前〜（直行）〜六本木ヒルズ
2004. 3.29	臨海22	臨海車庫〜船堀駅前
2004. 4. 1	田92	品川駅東口〜高浜橋〜田町駅東口
	王55	王子駅前〜ハートアイランド（循環）〜王子駅前
	錦22	臨海車庫〜錦糸町駅前
	西葛01	西葛西駅前〜北葛西五丁目（循環）〜西葛西駅前
2005. 5.30	南千47	南千住駅東口〜日暮里駅前
2005. 7.17	急行06	森下駅前〜テレコムセンター駅前
2005.11. 1	江東01	潮見駅〜木場一・辰巳（循環）〜潮見駅前
2006. 4. 1	波01	東京テレポート駅前〜中央防波堤
2007. 3.26	陽20	東陽町駅前〜江東高齢者医療センター（循環）〜東陽町駅前
2008. 3.31	深夜11	王子駅前〜ハートアイランド東〜新田二丁目
2008. 4.26	S-1	東京駅丸の内北口〜都営両国駅前・両国駅前
2011. 7.20	S-1-2	上野松坂屋〜浅草雷門〜錦糸町駅前
2015. 3.30	錦40	南千住駅東口〜錦糸町駅前
2016. 4. 1	深夜12	船堀駅前〜新小岩駅前

●廃止系統

廃止年月日	系統	運行区間
2002.12. 1	虹02	品川駅東口〜東京テレポート駅前
2003. 4. 1	速01	東京駅丸の内南口〜台場駅前〜東京駅丸の内南口
	深夜05	東京駅丸の内南口〜深川車庫前
	海02	国際展示場駅前〜東京港フェリーターミナル
	海03	東京テレポート駅前〜環境局中防合同庁舎
2006. 4. 1	南千40	南千住駅東口〜墨田〜（循環）〜南千住駅東口
2007. 3.31	西葛01	西葛西駅前〜北葛西五丁目（循環）〜西葛西駅前
2008. 3.31	深夜04	日暮里駅前〜江北六団地前〜舎人二ツ橋
2012. 4. 1	東12	東京駅八重洲口〜晴海埠頭
2013. 4. 1	虹01	浜松町駅〜国際展示場駅前・東京ビッグサイト
	東98	等々力操車所前〜東京駅丸の内南口
	南千47	南千住駅東口〜日暮里駅前
	有30	亀有駅北口〜足立区役所
2013.10. 1	新江62	大泉学園駅前〜新江古田駅前

●委託運行終了系統

運休年月日	系統	運行区間
2004. 4. 1	台東01	二天門〜二天門

か、〈上46〉系統が延長されて同駅東口に乗り入れた。2003（平成15）年には足立区からの要請により、〈王46〉王子駅前〜加賀団地前間の運行を開始。2012（平成24）年に〈里48-2〉日暮里駅前〜加

【表2-11②】2002年度以降の路線の再編

●延長系統

実施年月日	系統	新	系統	旧
2002. 2.25	橋63	小滝橋車庫前～新橋駅前	橋63	大久保駅前～新橋駅前
2002. 4. 1	上46	南千住駅東口～上野松坂屋駅前	上46	南千住汐入～上野松坂屋前
2002. 5.30	亀23	亀戸駅前～江東高齢者医療センター	亀23	亀戸駅前～南砂町駅前
2003. 4. 1	里48乙	舎人二ツ橋～日暮里駅前	里48	足立流通センター～日暮里駅前
2004. 1. 5	草43	足立区役所～浅草雷門	草43	千住車庫前～浅草雷門
2004. 3.29	平28	東大島駅前～平井操車所	平28	東大島駅前～平井駅前
2005. 3. 1	門19	国際展示場駅前～門前仲町	門19	深川車庫前～門前仲町
2005. 3.28	急行05	錦糸町駅前～テレコムセンター駅前	急行05	錦糸町駅前～東京テレポート駅前
2005. 4. 1	梅01	青梅駅前～玉堂美術館（循環）～青梅駅前	梅01	青梅駅前～玉堂美術館
2006. 4. 3	深夜02	池袋駅東口～豊島五丁目団地	深夜02	王子駅前～豊島五丁目団地
2007. 3.26	茶51	駒込駅南口～本郷三丁目駅前～秋葉原駅前	茶51	駒込駅南口～本郷三丁目駅前～御茶ノ水駅前
2007. 4. 1	王55	王子駅前～ハートアイランド東～新田一丁目	王55	王子駅前～ハートアイランド（循環）～王子駅前
2008. 3.30	高71	小滝橋車庫前～東京女子医大前～九段下	高71	高田馬場駅前～大久保～九段下
2008. 8.30	王55	池袋駅東口～王子駅前・ハートアイランド東～新田一丁目	王55	王子駅前～ハートアイランド東～新田一丁目
2009. 4. 1	陽20	東陽町駅前～江東高齢者医療センター～東大島駅前	陽20	東陽町駅前～江東高齢者医療センター（循環）～東陽町駅前

●短縮系統

実施年月日	系統	新	系統	旧
2001. 8. 1	海02	国際展示場駅前～東京港フェリーターミナル	海02	新木場駅前～東京港フェリーターミナル
2002. 2.25	品98	品川駅東口～大田市場	品98	品川駅東口～大井町東口
	品91甲	品川駅東口～八潮パータウン	品91甲	品川駅東口～大井町東口
2002.12. 1	海01	東京テレポート駅前～門前仲町	海01	品川駅東口～門前仲町
	上69	小滝橋車庫前～上野公園	上69	小滝橋車庫前～上野駅前
2003. 1.14	上58	早稲田・リーガロイヤルホテル前～上野松坂屋前	上58	早稲田・リーガロイヤルホテル前～上野駅前
2003. 4. 1	平23	葛西駅前～平井駅前	平23	葛西駅前～平井操車所
	木11	木場駅前～（新木場循環）～東陽町駅前	木11	東陽七丁目～（新木場循環）～東陽七丁目
2007. 3.26	東16	東京ビッグサイト～豊洲駅前～東京駅八重洲口	東16	東京テレポート駅～豊洲駅前～東京駅八重洲口
2010. 4. 1	S-1	東京駅丸の内北口～須田町～両国駅前	S-1	東京駅丸の内北口～須田町～都営両国駅前
	高71	高田馬場駅前～東京女子医大前～九段下	高71	小滝橋車庫前～東京女子医大前～九段下
2013. 4. 1	宿91	代田橋駅前～新宿駅西口	宿91	駒沢陸橋～新代田駅前～新宿駅西口
	東42乙	南千住車庫前～東京都人権プラザ前～浅草雷門	東42乙	南千住車庫前～東京都人権プラザ前～秋葉原駅前
2015. 4. 1	梅70	青梅車庫前～花小金井駅北口	梅70	青梅車庫前～柳沢駅前
2015. 4. 4	草43	足立区役所・千住車庫～浅草寿町	草43	足立区役所・千住車庫～浅草雷門

●統合系統

実施年月日	系統	新	系統	旧
2004. 4. 1	豊洲01	豊洲駅前～豊洲一丁目・キャナルコート（循環）～豊洲駅前	AL02	豊洲駅前～豊洲一丁目（循環）～豊洲駅前
	里48	日暮里駅前～見沼代親水公園駅前	王46	王子駅前～加賀団地（循環）～王子駅前
	里48	日暮里駅前～江北六丁目団地前		
	里48	日暮里駅前～加賀団地（循環）～日暮里駅前		

●経路変更系統

実施年月日	系統	新	系統	旧
2002.12. 1	反96	五反田駅前～品川駅前～赤羽橋駅前	反96	五反田駅前～五反田駅前（循環）
	反94	五反田駅前～高輪台駅前～赤羽橋駅前		
2003. 4. 1	有30	亀有駅北口～足立区役所	王30	王子駅前～亀有駅北口
	王49折返	王子駅前～足立区役所		
	品97	新宿駅西口～高輪警察署前～品川駅前	品97	新宿駅西口～泉岳寺前～品川車庫前
		品川駅前～泉岳寺前～新宿駅西口		
	新江62	大泉学園前～練馬駅～新江古田駅前	新江62	大泉学園駅前～新江古田駅前
2004. 4. 1	田99	品川駅東口～五色橋～田町駅東口	田99	品川駅東口～五色橋～港区スポーツセンター前
2005. 4. 1	里48	日暮里駅前～舎人二ツ橋	里48	日暮里駅前～足立流通センター終点
	深夜04	日暮里駅前～舎人二ツ橋	深夜04	日暮里駅前～足立流通センター終点
2006. 1.16	王46	王子駅前～加賀団地（循環）～王子駅前	王46	王子駅前～加賀団地
2006. 4. 1	反96	五反田駅～（六本木ヒルズ循環）～五反田駅	反96	五反田駅前～赤羽橋駅前
2008. 3.30	里48	日暮里駅前～江北六丁目団地前～見沼代親水公園駅前	里48	日暮里駅前～江北六丁目団地前～舎人二ツ橋
2008. 6.14	池86	池袋東口～渋谷駅東口（循環）～池袋東口	池86	東池袋四丁目～渋谷駅東口
2011. 7.20	S-1-1	東京駅丸の内北口～浅草雷門～両国駅前	S-1	東京駅丸の内北口～須田町～両国駅前
2012. 3.20	S-1	上野松坂屋前～錦糸町駅前	S-1	上野松坂屋前～錦糸町駅前
			S-1	上野松坂屋前～両国駅前
	S-1	東京駅丸の内北口～錦糸町駅前	S-1	東京駅丸の内北口～両国駅前
2012. 4. 1	上23	平井駅前～押上駅前～上野松坂屋前	上23	平井駅前～上野松坂屋前
	錦37	青戸車庫前～押上駅前～錦糸町駅前	錦37	青戸車庫前～錦糸町駅前
	錦37折返	新四ツ木橋～押上駅前～錦糸町駅前	錦37折返	新四ツ木橋～錦糸町駅前
	草64	池袋駅東口～浅草雷門南	草64	池袋駅東口～浅草雷門
	波01出入	品川駅東口～海岸通り～東京テレポート駅前	波01出入	品川駅東口～芝浦埠頭～東京テレポート駅前
2013. 4. 1	都05	東京ビッグサイト（平・土・休）～東京駅丸の内南口	都05	東京テレポート駅前（土・休のみ）～東京駅丸の内南口
	門19	東京ビッグサイト～門前仲町	門19	国際展示場駅前～門前仲町
	豊洲01	豊洲駅前～IHI前・キャナルコート（循環）～豊洲駅前	豊洲01	豊洲駅前～芝浦工業大学・キャナルコート（循環）～豊洲駅前
	反96	五反田駅前～六本木ヒルズ	反96	五反田駅前～六本木ヒルズ（循環）～五反田駅前
			反96	五反田駅前～赤羽橋駅前
2014. 3.24	錦13折返	東陽町駅前～昭和大学江東豊洲病院前	錦13折返	東陽町駅前～豊洲駅前
2014. 4. 1	白61折返	高田一丁目～目白駅前	白61折返	日本女子大前～目白駅前
	海01出入	深川車庫入口～東京テレポート駅前	海01出入	深川車庫前～東京テレポート駅前
	東20	東京駅丸の内北口・門前仲町～江東橋～錦糸町駅前	東20	東京駅丸の内北口・門前仲町～住吉駅前～錦糸町駅前

賀団地前間が新設されたのと引き換えに〈王46〉は廃止された。また2003年には六本木ヒルズがオープン。森ビルの運行経費補助により、渋谷駅前〜六本木ヒルズ間直行の〈RH01〉系統を新設した。村上隆氏デザインのラッピングが施された専用車両の車内では、DVDの放映などにより六本木ヒルズのPRが行われた。2005（平成17）年には江東区からの委託により、森下駅前〜テレコムセンター駅前間の〈急行06〉系統を運行開始。「深川シャトル」と名づけられた観光シャトルバスで、沿線の見どころがラッピングされた専用車両が使用された。

2008（平成20）年には東京都の観光振興施策の一環として、観光路線バス〈S-1〉東京駅丸の内北口〜両国駅前間の運行を開始。首都大学東京との産学連携でデザインされたオリジナル車両が導入され、車内モニターでは沿線ガイドが放映された。東京スカイツリーの開業にともない一部の経路が変更され、2012（平成24）年には全便が錦糸町駅前発着となった。

1940年代から東急との相互乗り入れで運行されてきた〈東98〉東京駅丸の内南口〜等々力間は、2013（平成25）年に都バスが撤退し、東急の単独運行となった。同じく1940年代に青梅〜阿佐ケ谷間で運行開始された〈梅70〉系統は、1990年代から青梅車庫前〜柳沢駅前間となっていたが、2015（平成27）年に再び短縮され、青梅車庫前〜花小金井駅北口間の運行となった。墨田区からの要請で運行していた〈墨38〉東京都リハビリテーション病院前〜両国駅前間は、2015年に〈錦40〉錦糸町駅前～南千住駅東口間に生まれ変わっている。

2001（平成13）年には台東区コミュニティバス「めぐりん」の運行を受託。二天門前を起終点として、区内北部を循環する〈台東01〉系統とした。しかし、2004（平成16）年には日立自動車交通が運行を受託し、都バスによる運行は終了した。「めぐりん」はその後、区内南部もカバーしたため、台東区の要請で運行されている〈東42乙〉系統は、浅草雷門以北に短縮されている。2005（平成17）年には江東区コミュニティバス「しおかぜ」の運行を受託。潮見駅前を起終点として、枝川地区と辰巳地区を循環する〈江東01〉系統とした。

深夜バスも景気後退による乗客減少などから、2002年に〈深夜06〉系統、2003年に〈深夜05〉系統を廃止。日暮里・舎人ライナーが開業した2008年には、並行する〈深夜04〉系統が廃止された。一方で、沿線に新たな需要が発生した〈深夜11〉王子駅前～新田二丁目間を2008年、〈深夜12〉新小岩駅前～船堀駅前間を2016（平成28）年に運行開始している。

こうした路線の再編によって、営業所にも変化が見られた。目黒営業所は品川営業所の分駐所となったのち廃止され、代わりに港南支所が誕生。新宿営業所は渋谷営業所、杉並営業所は小滝橋営業所の支所となり、青梅は杉並営業所の支所から早稲田営業所の支所に変わった。大塚営業所は巣鴨営業所の支所となったのち廃止され、臨海営業所は葛西営業所から改称された江戸川営業所の支所となった。また経営効率化の方策のひとつとして、営業所の管理委託も行われた。管理委託とは、道路運送法第35条にもとづくもので、路線やダイヤ、運賃の決定権を留保したまま、車両や営業所施設などを貸与し、運転業務、運行管理業務、車両管理業務を一体として、他事業者へ委託するもの。交通局では委託先の事業者をはとバスとし、2003年の杉並支所を皮切りに、臨海、青戸、港南、新宿の各支所の管理委託を行った。

乗客サービスとしては、2003年から「都バス運行情報」の配信を開始。時刻表や目的地までの所要時間などが携帯電話やパソコンから確認できるようになった。また同年には簡易型バス接近表示装置を導入。既設のバス停標柱へ安価に設置できるメリットを生かし、現在までに800基以上まで拡大されている。2007(平成19)年にICカード乗車券「PASMO」のサービスが開始されると、都バス全路線に一斉導入。役割を終えた「バス共通カード」「都営バス専用乗継カード」については2010(平成22)年に取り扱いを終了した。

車両は2000(平成12)年度以降、すべての新車がノンステップバスとなる。2007年にはハイブリッドノンステップバスも加わり、2013年に在籍車両すべてがノンステップバスとなった。メーカーの新技術開発にも協力しており、2003~2004年には燃料電池バス、2007~2009年にはバイオディーゼル燃料、2009年には非接触給電ハイブリッドバス、

運転手の研修に使用されている運転訓練車

2014（平成26）～15（平成27）年には次世代ハイブリッドバスの実用実験が都バス路線で行われた。また2009年には運転訓練車を導入。研修所で行われる自動車運転新任フォローアップや自動車安全運転特別指導に使用されているほか、各営業所にも派遣され、運転手の意識向上と事故防止を図るために活用されている。

特定バスは2001年度以降、民間事業者との入札が実施され、民間事業者が廉価で事業に参入するようになった。このため交通局は急速に事業を縮小し、2006（平成18）年度末をもって撤退している。貸切バスは2000年度に5台まで減車され、以後はこの規模で事業を継続している。2006年には車両を更新してボディカラーを一新。近年は比較的安い価格で利用できる路線バス車両の転用貸し切りをPRし、学校行事やイベントなどの送迎に利用されている。

都バスの一日平均乗客数は、1972（昭和47）年度の約

130万人を頂点に減少を続け、2000年度には約71万人まで落ち込んだ。しかし2000年代に入ると下げ止まり、2010年度の約55万人を底に、ここ数年はわずかながら増加に転じている。取り巻く環境も厳しいばかりではなく、近年は人口の都心回帰やインバウンドを中心とした観光客の増加が見られる。そして2020（平成32）年には、再び東京でオリンピックが開催される。こうした追い風をどのように受け止め、どんな路線や車両やサービスを提供していくのか、明日の都バスに期待したい。

乗車ルポ

昔は都電、いまは時代の先端を行く都市新バス
〈都01〉系統（渋谷駅前～新橋駅前）

渋谷駅の東口側は都バスの一大ターミナル。6路線の車両がひっきりなしに発着する。十数年前までは都電時代のホームをそのまま使用。往時の面影が色濃く残っていた。しかし、東京メトロ副都心線の建設、同線開業による東急渋谷駅の廃止・解体、跡地の再開発と工事が続き、バスターミナルはずっと仮設状態。〈都01〉は現在、宮益坂下交差点近くの51番乗

り場から出ている。
12時08分発の便に乗れば、立ち客もいる盛況。ラフないでたちの人がほとんどで、スーツを着なくてもよいビジネス客といった感じだ。六本木通りに入り、首都高速渋谷線の下を走行。わずか10分の西麻布で、まとまった下車がある。地下鉄の駅が近くにない街だから、バスが頼りなのだろう。

渋谷駅前

そんな沿線の期待に応えるように、〈都01〉系統は1984（昭和59）年から都市新バス「グリーンライナー」として運行されている。運輸省の補助のもと、バスロケーションシステムによる接近表示や上屋・シェルターをバス停に設置。朝夕の渋滞時にはバス専用レーンを設けて定時運行を確保するなど、バスの利便性を高める取り組みが行われたのである。

次のEXシアター六本木前には、2003（平成15）年に53階建ての複合ビル「六本木ヒルズ森タワー」がオープン。その姿は首都高速に阻まれ望めないが、駐車場から出てくる

六本木ヒルズ

都バスの姿があった。〈都01折返〉と途中ノンストップの〈RH01〉が、六本木ヒルズに乗り入れている。

渋谷駅から15分の六本木駅前でも多くの乗客が降りる。東京メトロ銀座線と都営地下鉄大江戸線を乗り継げば10分足らずだが、2000（平成12）年の大江戸線開業後も、乗り換えの高低差や割高な運賃が敬遠されてか、〈都01〉がたくさんの人たちに利用されている。さらに、左手の外苑東通り沿いに2007（平成19）年、54階建ての複合施設「東京ミッドタウン」が出現し、乗客を増やしている。

六本木四丁目、六本木一丁目駅前と少しずつ乗り降りが続き、赤坂アークヒルズ前で渋谷駅からの乗客は姿を消した。やはり首都高速の向こう側で見えないが、右手には1986（昭和61）年にできた、37階建ての「アーク森ビル」などを中心にした複合都市「赤坂アークヒルズ」がある。平日日中の〈都01〉は、およそ半数がここに乗り入れて折り返す。このため渋谷駅前～赤坂アークヒルズ前間の約4分間隔に対し、赤坂アークヒルズ前～新橋駅前間は約8分間隔の運行となる。

溜池《ためいけ》交差点を右折して外堀通りへ。頭上の首都高速に別れを告げ、開放的な気分になる。左手に建つのは、1968（昭和43）年4月に竣工した36階建ての「霞が関ビルディング」。当時の最新技術を結集して建てられた日本初の超高層ビルである。そのわずか半年前、建設中のビルを見上げながら、渋谷駅前～新橋間の都電〈6〉系統が廃止された。代わりに走り始めた都バス〈506〉系統は〈橋89〉系統となり、バス復権を担う都市新バスの第1号路線に選ばれ〈都01〉系統となった。都電から都バス、そして都市新バスへ成長した〈都01〉系統は、霞が関ビルから六本木ヒルズへ、昭和から平成へ、それぞれの時代の最先端を走り続けてきたのである。

西新橋一丁目

霞が関と虎ノ門で乗客を拾い、再び

座席がさらりと埋まる。いつのまにかスーツ姿の人が増えており、渋谷口とは明らかに客層、というか乗客の職種が異なる感じだ。JR新橋駅日比谷口に近い新橋駅北口停留所でほとんどの人が下車。そういえば、都電〈6〉系統の新橋終点も外堀通り上にあり、背後のガードを新幹線0系が走る写真を見たことがある。しかし、〈都01〉系統はガードをくぐって右折。渋谷駅前からおよそ40分の新橋駅汐留口ロータリーで終点となった。

新橋駅前

乗車ルポ

京王バスに囲まれて走る最後の相互乗り入れ路線
〈渋66〉系統（渋谷駅前～阿佐ケ谷駅前）

渋谷駅の西口側は東口側と異なり、東急バス、小田急バス、京王バスが入れ乱れて発着。渋谷区コミュニティバスの「ハチ公バス」も現れ、カラフルなターミナルだ。そんななか、唯一、姿を見せる都バスが〈渋66〉阿佐ケ谷駅前行き。都バスと京王バス東の相互乗り入れ路線である。41番乗り場の時刻表を確認すると、両者のバスがほぼ交互に出るものの、時間帯によっては一方が続くなど不規則。今回は都バスに乗りたいので、土曜日の夕方、16時18

渋谷駅前

分発の便を選んだ。

　車内には、学生風の若者や子連れの若夫婦、熟年女性などさまざま。ランチやショッピングを楽しんだ帰りといった客層だ。座席がほぼ埋まったところで発車。西武百貨店A館とB館の間、一方通行の井の頭通りに左折する。道が狭いうえ、駐車車両がずらり。左右に飲食店などが並ぶ繁華街なので、やたらと人が横断する。慎重に進める運転手。さぞや神経を使うことだろう。NHK近くの放送センター西口で4車線道路に出たら、筆者までホッとした気持ちになった。ちなみにこの路線、逆の渋谷駅前行きも富ケ谷から道玄坂下まで、西側に並行する一方通行路を走るのだ。

　富ケ谷から山手通りに入り、代々木八幡駅入口で小田急線をまたぐ。この区間は京王バスの〈渋61〉〈渋63〉〈渋64〉系統も走るので、何台もの京王バスとすれ違う。余談だが、渋谷駅発着路線には民営バス共通の系統番号がつけられ、60番台は富ケ谷方面と決まっている。〈渋66〉系統は、都バスのルールでは70番台となるべきと

宇田川町

ころ、京王バスとともに民営ルールにしたがっている。

八幡下を過ぎると、山手通りの中央に、地下から首都高速中央環状線が割り込む。このあたりから渋滞が始まり、ノロノロ運転になった。初台《はつだい》で甲州街道に左折したところで、「道路混雑のため10分ほど遅れています。お急ぎのところ申し訳ありません」と、運転手がマイクで告げた。

幡代、幡ケ谷駅前、幡ケ谷原町と、甲州街道上のバス停で次々に乗客が降りていく。渋谷から幡ケ谷までは渋滞がなければ約20分で、電車の所要時間とほぼ同じ。電車は新宿か明大前で乗り換えなければならず、新宿経由だと運賃も割高になる。地元の人は渋滞する曜日や時間帯を知ったうえで、バスを利用しているのかもしれない。とはいえ、甲州街道もまた渋滞気味で、バスは少しずつ遅れを増す。そのせいもあってか、笹塚駅前のバス停には乗客が列をつくっていた。

　笹塚二丁目を通過して環七通りに右折し、代田橋のバス停に停まる。と、ここでバス停の標柱が変わったことに気づく。笹塚二丁目までは京王マークのポール、代田橋はみんくるがついたポールなのだ。電車の相互乗り入れでは、会社が変われば駅の構造やホーム上の表記が変わるし、乗務員が交代するので境界はわかりやすい。その点、バスの相互乗り入れでは、エリアの境界はわかりづらいが、こうしてバス停の標柱を見ていれば知ることができるのだ。

京王バスの標柱（左）と都バスの標柱（右）

　1940～50年代、次々に開設された都バス・民営バスの相互乗り入れ路線。しかし、その後の地下鉄の延伸や私鉄との直通運転開始で役割を終え、ほとんどがエリアの境界で分割されたり、一方が廃止されたりして姿を消した。近年になって開設された共同運行路線とは異なり、〈渋66〉系統は、高度経済成長期の都バスの運行形態を伝える最後の相互乗り入れ路線となった。

環七通りの流れはスムーズで、ようやくバスのスピードが上がる。けれど乗降ともに途絶えず、各停留所に停車していく。車内を見回すと、渋谷駅発車時に比べ、平均年齢がだいぶ高くなったようだ。立正佼成会の法輪閣が目を引く和田堀橋、粗忽者を描いた落語に登場する妙法寺がある堀ノ内を過ぎ、高円寺陸橋で青梅街道に左折。ほどなく左手に、この車両のねぐらである杉並支所が見える。杉並区役所前で中杉通りに右折し、ケヤキ並木をくぐり抜けて、17時25分、終点の阿佐ケ谷駅前に到着。10分以上遅れて着いたバスを、ここでも乗客の長い列が待っていた。

阿佐ケ谷南一丁目

阿佐ケ谷駅前

第3章　常に最先端をゆく都バス車両いまむかし

戦前の主力はアメリカ製の小型バス（1920〜30年代）

1923年の市バス開業時に用意されたTT型フォード。農業用トラックの荷台に幌をかぶせたような粗末に車両だった

1923（大正12）年、震災後の市電復旧までの応急手段として、市バスの運行を決定した東京市電気局は、アメリカのフォード社に1000台の自動車を発注。のちに800台に修正して購入を行った。これはTT型というトラックを改造したもので、好天のときは外し、雨降りのときは下ろせる幌がついていた。その姿が明治時代の「円太郎馬車」（落語家の4代目橘家圓太郎が高座で馭者をまねたことから名づけられた）に似ていたため、「円太郎バス」と呼ばれるようになった。

TT型フォードは前進2速、後進1速。運転席の床に3つのペダルが並び、左のペダルを深く踏むと前進低速、中間がニュートラル、浅く踏むと前進高速、真ん中のペダルが後進という変速が行われた。右のペダルはブレーキで、アクセルはハンドルの下のレバーを右手で操作した。いまの車両とは手と足がこなす役割が逆で、おそらく現代人には乗りこなせないだろう。

運行はワンマンで行われ、運転手の隣に1人掛け、後ろの左右に5人掛けのレザーシートがある11人乗り。なにぶん製造元のアメリカでは、農産物などを運ぶトラックとして使われていた自動車だから、砂利道での振動はものすごかったそうだ。座っている人はお尻を持ち上げて中腰で踏ん張り、立っている人はつかまるところもないため、車外に放り出されないよう必死だったという。そんな噂を聞きつけて、女性はほとんど乗らなかったとも伝えられている。

1924（大正13）年になって市バスの存続が決まると、引き続き使用する320台について、評判の悪かった車体の改造が施された。屋根に丸みをつけて室内高を確保し、リヤオーバーハングを延長してシートも拡大。乗客定員は14人に増えた。当時の新聞は「改造された円太郎は外観だけでも甚だ気持ちがいい……動揺を味わいこそすれ頭痛や神経衰弱になることはなくなる」と評価。車掌の「赤襟嬢」が乗務したこともあり、市バスの評判は著しく向上した。

1925（大正14）年にはTT型フォード100台と合わせ、CP型ウーズレー40台を購入。1926（大正15）年にはCG型ウーズレー2台を増備した。ウーズレーはイギリスのウーズレー

市バスの存続が決まるとTT型フォードを改造。屋根に丸みをつけて室内高を確保し、木枠にセルロイド張りの窓も設けられた

自動車から権利を得て、石川島造船所が製造・販売したものである。さらに1927（昭和2）年にはTT型フォード20台、CP型ウーズレー48台に加え、LD型シボレー20台、KB型ガーフォード10台を購入。1928（昭和3）年にはAA型フォード、CP型ウーズレー、LD型シボレー、KB型ガーフォードを合わせ167台増備している。シボレーは日本ゼネラル・モータース、ガーフォードは日本自動車が輸入・販売したアメリカ車。このうちガーフォードは低床フレームを持ち、1928年式のKB型は乗客定員34人という当時としては最大級の車両だった。

1929（昭和4）年にはAA型フォード60台、CG型ウーズレー30台、LQ型シボレー60

1928年式のKB型ガーフォード。低床の本格的なバスシャーシを持ち、当時としては最大級の定員34人を誇った

台に加え、DG型レオ38台を購入。1930（昭和5）年にはAAF型フォード、CP型ウーズレー、LQ型シボレー、OF型レオ、GNN型スチュードベーカーを合わせ117台増備している。レオ、スチュードベーカーともにアメリカのメーカーで、レオは当時、消防車としても輸入されたという。こうしてみると、初期の市バスの主力がアメリカ車だったことがよくわかる。

一方、商工省は1930年、国際収支の悪化是正と国防上の重要性などから、国産自動車の振興に乗り出した。東京市でも1931（昭和6）年から国産車の採用を開始。スミダL型40台とちよだMP型5台を初めて購入している。スミダは石川島造船所から独立した石川島自動車製造所が製作したもので、同社はのちにいすゞ自動車となる。ちよだを製造した東京瓦斯電気工業は、現在の日野自動車の前身にあたる。国産車はその後、アメリカ

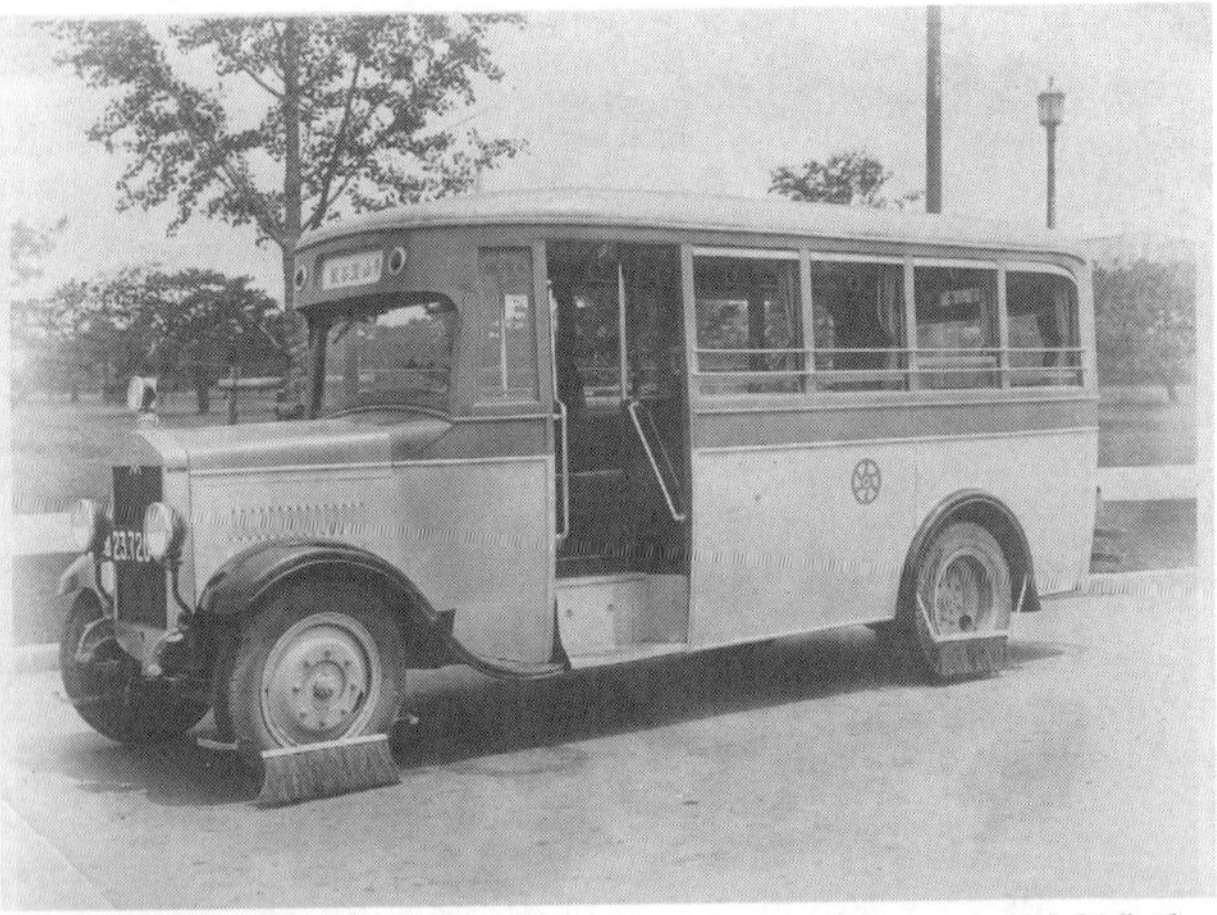

1931年に採用された国産車のスミダL型。製造した石川島自動車製造所はいすゞ自動車の前身にあたる

燃料統制下で活躍した木炭バス。戦時統合で青バスから引き継いだダイヤモンド社製の車両を改造したもの

製のフォード、シボレー、レオとともに毎年増備され、1932（昭和7）年にはスミダLD型が34台、1933（昭和8）〜1936（昭和11）年にはいすゞBX40型が計102台採用されている。

しかし、次第に戦時体制が強化されるなか、1936（昭和11）年に日本フォードと日本ゼネラル・モータースは事業を制限され、国産車も軍用に向けられ購入が困難になる。さらには燃料統制が行われたことから、市バスでは1938（昭和13）年に木炭バス第1号の運行を開始した。翌1939（昭和14）年には効率性と耐久性に優れた「東京市電式木炭ガス発生炉」を開発。220台の市バス車両を木炭バスに改造している。

進駐軍払い下げトラックとトレーラーバス（1940年代）

日本は石油の国内消費量の6割をアメリカからの輸入に頼っていたため、1941（昭和16）年にアメリカが日本への石油輸出を全面的に禁止すると、ガソリン規制はさらに厳しいものとなった。東京市は1941年度末までに、市バス車両1981台のうち、1516台を木炭車に改造した。同年には戦時統合が開始され、買収したバス事業者の車両984台が市バスの仲間に加わったが、これらも次々に木炭車に改造されていった。やがて木炭も不足するようになると、

戦後の車両不足のなか、進駐軍からGMCトラックの払い下げを受け、ボンネットバスやキャブオーバーバスに改造

木炭に石炭や半成コークスを交ぜたり、薪車を導入したりした。さらには、炭の自家生産を試みたり、草炭による運転を研究したりして、懸命に市バスの運行を続けた。

1943（昭和18）年には都制が敷かれ、市バスは都バスに生まれ変わる。しかし実状は、資材不足のため補修も行えず、車両の故障が相次ぐようになる。1945（昭和20）年に入ると、東京は何度も空襲を受け、車両のおよそ2割が被災した。こうして終戦時には、車両960台のうち動けるものが196台、営業に使えるものはわずか70台ほどしかない状況だった。

そこで戦後、急増する交通需要に応えるため、進駐軍に車両の提供を懇願。1947（昭和22）年からGMCトラック400台の払い下げを受け

GMCトラックの強力な駆動力を生かし、故障などで動かなくなったバスを連結した「親子バス」も運行された

た。当初は運転席をそのまま残し、荷台部分に箱形の客室を載せて使用した。しかし、運転席と客室が分かれていては使い勝手が悪いため、順次、ボンネットバスのボディに乗せ替えられた。より多くの乗客を乗せるため、キャブオーバーバス（エンジンの上までボディを延長した箱形のバス）に改造されたものもあった。さらに定員確保の手段として、4輪駆動（改造前は6輪駆動）のGMCトラックは強力な駆動力を持つため、故障などで動かなくなったバスを後ろに連結して走る「親子バス」も運行された。

1947年に日本は「キャサリン台風」に襲われ、洪水により東京の小松川地区の交通が途絶した。このとき、進駐軍の水陸両用車「アンヒビアン」の使用が検討されたが住民が反対。用意された水陸両用車「アンヒビアン」40台は交通局に払い下げられ、GMCト

1949年に登場した日野T26型トレーラーバス。堀之内営業所に配置され、荻窪駅～東京駅間で使用された

ラック同様、ボンネットバスまたはキャブオーバーバスに改造され使用された。

戦後の大量輸送に貢献した車両として忘れてはならないのが、トレーラーバス（キャブトラクターの後ろに客室のトレーラーを連結したバス）である。１９４８（昭和23）年にまず、いすゞＴＸ40型シャーシ＋民生ＫＤ２型エンジン＋金剛製トレーラーの10台が登場。乗客定員75人の収容力を生かし、堀之内営業所から江東営業所と品川営業所に移って活躍した。１９４９（昭和24）年には、日野Ｔ26型トラクター＋日野製または富士産業（現・富士重工業）製トレーラーの21台を追加。乗客定員は96人で、堀之内営業所に配置され、荻窪駅～東京駅間で使用された。

１９４７には軽油の入手も可能になっている。そこで、この年配給になったいすゞ製のバスＴＸ80型ガソリン車２台に対し、ディーゼルエンジンへの乗せ替えを行った（の

1948年に都バス初の本格的ディーゼルバスとして導入されたいすゞBX91型。写真は日本自動車製ボディで、新宿営業所に配置されたもの

ちに7台増備）。同時に、民生（のちの日産ディーゼル。現・UDトラックス）製のトラックTT9型ディーゼル車にバスボディを載せた試作車1台を購入している（のちに2台増備）。これらが都バス初のディーゼル車といえる。そしてディーゼルバスはその後、1950（昭和25）年度までに、ボンネットタイプがいすゞBX91型44台、BX95型47台、民生KB3B型13台、日野BH10型7台、三菱ふそうB1型12台、B22型7台、キャブオーバータイプがいすゞBX92型14台、民生KB2L型26台採用されている。

1949年には、日本初のリヤエンジンバス（エンジンが最後部の床下にあるバス）を交通局と富士産業が協力して試作。いすゞBX91型用のシャーシをベースに民生KD2型エンジンを搭載し、外板に軽合金を使用したフレームレス・モノコック構造の富士産業製ボディを架装したもので、「富士号」と名づけられた。リヤエンジンバスは床面

1949年に試作された日本初のリヤエンジンバス「富士号」。フレームレス・モノコック構造で、車体には軽合金が使用されている

積が広いため定員増が図れ、前後輪の軸重バランスが一定で乗り心地が良く、エンジンの騒音や悪臭が室内に入らないなどさまざまな利点がある。今日の国内の大型バスのほとんどがリヤエンジンバスであることを考えると、交通局と富士産業の取り組みは実に先見の明があったといえよう。「富士号」の製作は試作の1台にとどまったが、その技術は民生「コンドル」に引き継がれた。交通局でも1950年から民生リヤエンジンバス「コンドル」の採用を開始し、同年にはBR31型7台を購入している。

ボンネットバスからリヤエンジンバスの時代へ（1950年代）

1949（昭和24）年に都バスのボディカラーを変更。カスケードブルーをベースとして、腰部にモスアゲートグレー、裾部にフェザートグリーンを配し、インターナ

1958～62年に15台が製造されたトロリーバス250型。前面スタイルが一新されたボディを持ち、〈101〉〈102〉系統で使用された

ショナルオレンジと白の帯というでたちになった。このデザインは都民に評判が良かっただけでなく、全国のバス事業者にも注目され、同じようなデザインを採用する地方の路線バスも現れている。

1952（昭和27）年に開業したトロリーバスにも、これと似たボディカラーが採用された。トロリーバスは同年から1962（昭和37）年度までに121台製造され、いずれも日野製のシャーシに富士重工製のボディが架装されたものだった。〈101〉系統では50型、100型、200型、250型、〈102〉系統では200型、250型が活躍。最古参の50型は「富士号」と同型のボディ、100型と200型は側窓がスタンディングウインドウ（開閉する窓の上に固定窓が設けら

踏切を通過する〈103〉〈104〉系統用として、補助エンジンが搭載されたトロリーバス300型。1956〜58年に34台が製造された

れているもの）となり、250型は前面スタイルが一新されている。〈103〉〈104〉系統には300型、350型を使用。300型は200型、350型は250型と同じタイプだが、踏切を通過するときに使用する補助エンジンを持ち、キャブオーバーバスのようなマスクをしていた。

一方、1950年代前半の都バス車両はまだ、ボンネットバスが主力だった。いすゞ製は1955（昭和30）年度までにBX95型が423台、日野製は1953（昭和28）年度までにBH10型が42台、BH11型が56台、三菱製は1955（昭和30）年度までにB25型が123台採用されている。1950年代後半になるとボンネットバスは減少するが、それでも三菱製は1958（昭和33）年度までにB280型が42台、B380型が7台、いすゞ製は1959（昭和34）年度までにBX152型が5台、BX352型が205台、BX552型が14台採用された。都

1951年式の三菱B25型ボンネットバス。定員60人を超える大型車で、1951～55年度に計123台が採用されている

バス最後のボンネットバスとなった1959年式のいすゞBX552型は、1970年代まで活躍を続けており、1963（昭和38）年生まれの筆者も幼いころに浅草で見かけた記憶がある。

民生製は「コンドル」以降、リヤエンジンバスの増備が継続され、1960（昭和35）年度までにBR31型が14台、BR344型が42台、RF85型が21台、RF81型が147台採用された。いすゞ製と三菱製も次第にリヤエンジンバスが中心となり、いすゞ製は1960年度までにBX95X型が28台、BC20型が7台、BA351型が119台、BA551型が84台、三菱製は1959年度までにR280型が22台、R380型が70台採用されている。

民生製はいち早くリヤエンジンバスを採用。RF81型は1956〜60年度に147台投入され、1959年度からは新塗色となった

1958年式の日野BD34型。センターアンダーフロアエンジンバスは1961年度のBD35型まで増備が続けられている

日野は独自にセンターアンダーフロアエンジンバス（前輪と後輪の間の床下にエンジンを吊り下げたバス）の開発を行い、都バスでもこれを採用。1961（昭和36）年度までにBK30型が7台、BD31型が14台、BD32型が28台、BD33型が42台、BD34型が134台、BD35型が35台増備され、一部は貸切バスとしても使用されている。

またこの間、乗客サービス向上のための細かな仕様変更がいくつか行われている。

- 1951年度　前面窓を固定式とするとともに、前面の行き先表示幕を拡大。
- 1952年度　側面の車掌台の上と後面にも行き先表示幕を設けるとともに、側窓にスタンディングウインドウを採用。
- 1953年度　側面の行き先表示幕を中扉の上に変更。
- 1954年度　車内前方に時計を取り付けるとともに、中扉のステップにドア開閉と連動する路面灯を装備。
- 1955年度　室内灯を白熱灯から蛍光灯に変更。
- 1958年度　側窓に日除けカーテンを取り付け。
- 1959年度　車掌台のスタンディングウインドウを廃止して車掌窓を拡大。
- 1960年度　前面に系統番号表示幕を設置するとともに、車掌台に車内外放送装置を取り付け。

1959年式のいすゞBX552型。都バス最後のボンネットバスであり、14台が採用され、1970年代まで活躍を続けていた

なお、貸切バス営業を開始した1954年には、回転シートつきの民生RF95型が採用されている。また1959年には路線バスのボディカラーが再び変更され、先にデザインを改めた都電と似たイメージのキャピタルクリーム＋マルーンの帯となっている。

余談になるが、都バスの新車は1980年代まで、ひとつの営業所に7台ずつ配置されることが多かった。これは当時の都バスの運転手が7班に分かれてシフト勤務しており、1車2人の担当車制（1台の車両を2人の運転手が担当し、運転手は基本的に毎日同じ車両に乗務するしくみ）をとっていたため、新車を各班に順番に1台ずつ割り当てていたことが、その理由である。

ワンマンバスの登場と進化（1960年代）

1960（昭和35）～61（昭和36）年度には、都バス車両の仕様が大幅に見直された。バス車体規格品の採用などが行われた一方、後面のマーカーランプなど不要になった装備品が一気に廃止された。また、これまでの都バスは三方シート（左側・右側・後部のそれぞれにロングシートを配したもの）だったが、1960年度のいすゞ車と民生車、1961年度以降の日野車の一部にはセミロマンスシート（左右に2人掛けの前向きシートを配したもの）が採用され、比較的混雑の少ない路線で使用された。成長を重ねてきた国産バスが、一定のレベルに成熟しつつあるなか、都バス車両もまた転換期を迎え、近代的な車両へ脱皮しようとしていた。

1962（昭和37）年には、ボディカラーをオリンピアクリーム＋オリンピアレッドに変更。東京オリンピックの開催を控え、在来色をやや鮮やかにしたカラーリングが採用されている。

1963（昭和38）年には、初めてワンマンバスが試作された。当時まだワンマンバスに構造上の規格はなく、交通局は関係機関と協議しながら仕様を決定した。試作車に選ばれたのは、日野RB10型14台（富士重工製ボディ架装車と帝国自工製ボディ架装車7台ずつ）。前中引戸（前扉は折戸、中扉は引戸）の2扉車で、運賃先払い方式が採用され、運転席の横に運賃箱が設置された。車内には前向きシートを配置。運転手が中扉ステップ上のミラーを確認する際、立ち客が遮ることがないよう、左側は2人掛け、右側は1人掛けのレイアウトとなった。またワンマン化が完了するまでは、ツーマン使用も行う可能性があるため、中扉の後ろの車掌台は残された。

1963年に試作されたワンマンバス日野RB10型。帝国自工（写真）と富士重工のボディが架装され、前中引戸が選択された

試作ワンマンバスの車内。運転手がミラーで中扉を確認しやすいよう、左側には2人掛けの前向きシートが配置された

1964（昭和39）年の購入車両から、全車がワンマンバス（ツーマン兼用車）となる。ワンマン化で仕事が増えた運転手の負担を軽減するため、自動注油装置としてオートグリスターが採用された。1965（昭和40）年には、方向指示器をアポロ式（右左折を側窓最前部の矢羽で知らせる方式）からフラッシャー式（現在のように灯火の点滅で知らせる方式）に変更。フロントガラスを曇り止めにして、空気加圧式デフロスターを採用した。またこの年、実際にワンマンバスとしての営業運行を開始。ワンマン化の進展に合わせ、1966（昭和41）年には降車合図ブザーの改良、1968（昭和43）年には運賃箱の両替方式から釣り銭方式への変更、1969（昭和44）年には駐車灯非常点滅装置の改良、1970（昭和45）年には車内自動放送装置の採用および車内パイプへの保護クッションの取り付けなど、次々に改良が進められた。

なお、1973（昭和48）年には「ワンマンバス構造規格」が制定され、それまでバス事業者とメーカーが自主規制していた規格が普遍化。改良を重ねながら今日まで踏襲されている。

前述したように、1960年代には国産バスが成熟し、各メーカーがその後のロングセラーモデルを発売。都バスでもそれらが安定的に増備されていく。いすゞ製はBA741とBA20、後継で直噴エンジン搭載のBU05Dが採用された。日野製もセンターアンダーフロアエンジンからリヤエンジンに変わり、RB10と後継のRE100が増備された。三菱製はR480とフレーム

トロリー代替バス用として今井支所に配置された日産ディーゼル4R104型。ほかの型式より窓1枚分車体が長い

レス構造のMR480、後継のMR410が採用された。民生(1961年後期からは日産ディーゼル)製は2サイクルエンジン搭載の4R92と後継の4R94、長尺の4R104と4R105が増備された。当時の都バス車両の全長は基本的に10m級に統一されていたが、4R104と4R105は10・5m級である。これは都電・トロリーバスの代替バスを運行するため、収容力の大きい車種が選択されたもので、都バスのなかではきわめて珍しい存在である。

一方、貸切車両は1961年に21台まで増車され、以後、この免許台数は1990年代まで変わらない。1960〜70年代の車種は、いすゞ製がBA341P、BR151P、BR351P、BR20P、BU15P、BU15EP、日野製がBD15P、RB10P、RC300P、RC320P、三菱製がAR470、

1969年式の貸切バスいすゞBU15EP型。丸みを帯びたボディから“オバQ”と呼ばれた車種で、晩年は特定バスに転用された

MAR470、B806L、日産ディーゼル製が4RA92、4RA104となっている。いすゞ製と日野製の型式のP、三菱製と日産ディーゼルの型式のAは、それぞれエアサス車を示し、貸切車両らしい車種が選択されていることがわかる。わずか21台しかない貸切車両にしては、ずいぶんと型式が多く、1型式1台という車種も少なくないが、その理由については次節で解説することにする。

低床化と冷房化でより快適な車両に（1970年代）

1968（昭和43）年、都バスの路線バスカラーがアイボリーとスカイブルーに変更された。美濃部亮吉都知事の就任からまもない変更だったため、都民から〝美濃部カラー〟と呼ばれた。

1970年代に入ると、いすゞ製はBU06D、BU06、BU04、日野製はRE100、三菱製はMR410、MP107K、日産ディーゼル製はU20H、U35Hが採用された。都バスでは従来から、営業所ごとに配置される車両のメーカーが統一されていたが、1960年代までに各メーカーの車体架装会社が集約されたため、ひとつの営業所（支所）には同じ形のバスが並ぶようになった。具体的には、いすゞ＋川崎重工ボディが新宿、八王子、小滝橋、大塚、江戸川、いすゞ＋富士重工ボディが滝野川、巣鴨、深川、日野＋日野ボディが品川、目黒、杉並、青梅、葛西、三菱＋三菱ボディが千住、南千住、青戸、三菱＋呉羽ボディが渋谷、早稲田、日産ディーゼル＋富士重工ボディが練馬、志村、江東、今井に配置された。この組み合わせは基本的に2003（平成15）年度まで踏襲されたため、都バスファンには路線ごとの車型が印象づけられた。

1971（昭和46）年度購入車のうち、いすゞBU06D型4台、日野RE100型4台は先行導入された低床バスである。広幅の前扉とワイドステップを持ち、ワンマン量産車以降は三方シートに戻されていた座席配置が、1人掛け中心の前向きシートに改められた。いすゞ車が新宿管内、日野車が杉並管内で試験運行されたのち、翌年度から本格的に導入され、1973（昭和48）年度からすべての購入車両が低床車となった。また1978（昭和53）年度の購入車両から、前扉のガラスが1枚の大きなものになり、運転席から左側面の視認性が改善されている。

1972年式のいすゞBU06。日野RE100とともに導入された低床モデルで、広幅の前扉とワイドステップを持つ

1972（昭和47）年度には、いすゞ自動車、川崎重工、富士電機、古河電池の協力のもと、ハイブリッド式電気バスEHCK480が試作された。これは小型ディーゼルエンジンで発電機を回し、鉛蓄電池から直流モーターを回転させて走行するもの。しかし発電用エンジンの騒音と車両価格の問題から、およそ5年間で試験運行を終了し、量産には至らずに姿を消した。

1974（昭和49）年にスタートした霞が関官庁街のミニバス用として、トヨタ自動車からコースターBU-19HB型13台の提供を受けた。マイクロバスのワンマン運行は全国初のことであり、運輸省や東京陸運局の指導を受けながらワンマン改造が行われた。

1979（昭和54）年には初の冷房車が先行導入された。冷房装置は走行用のエンジンで冷房用コンプレッサーを駆動する直結式を選択。いすゞ＋富士重工ボディのBU04型

トヨタ自動車から提供されたコースターBU-19HB。1974年にスタートした霞が関官庁街のミニバスとして活躍

1979年に早稲田営業所に先行導入された冷房つきの三菱MP107K。フロントガラスの下方を広げた視野拡大窓を装備する

2台が深川管内、日野＋日野ボディのK-RE101型2台が葛西管内、三菱＋呉羽ボディのMP107K型2台が早稲田管内、日産ディーゼル＋富士重工ボディのK-U36K型2台が練馬管内で試験運行された。また年が明けた年度末には、いすゞ＋川崎重工ボディのK-CLM470型8台が新宿、小滝橋、大塚、江戸川、いすゞ＋富士重工ボディのK-CLM470型4台が滝野川、巣鴨、日野＋日野ボディのK-RE101型6台が品川、目黒、杉並、三菱＋三菱ボディのK-MP107K型6台が千住、南千住、青戸、三菱＋呉羽ボディのK-MP107K型2台が渋谷、日産ディーゼル＋富士重工ボディのK-U36K型6台が志村、江東、今井に2台ずつ配置された。

一方、1970年代の都バスの貸切バスはまだスタンダードデッカーの時代で、いすゞBU20KP、日野RV100P、三菱B905Nが採用されていた。1973年には養護学校の通学バスとして、肢体不自由児が車椅子のまま乗降できるリフトバスの開発が行われた。中扉に開口部の広い外開き式3枚折戸を採用し、油圧式のリフトを装着。中扉より後方に車椅子を固定する構造だった。いすゞ＋富士重工ボディのBU10型2台で試験運行が行われ、貸切バスから特定バスに変更されたのち、1974年以降、いすゞ＋富士重工ボディのBU04型が28台、日野＋日野ボディのRE100型が19台、三菱＋富士重工ボディのMR410型が15台、日産ディーゼル＋富

1975年式の貸切バス三菱B905N。富士重工R1型ボディを架装された最後のスタンダードデッカーである

1974年式の特定バス日産ディーゼルU20H。養護学校の通学バス用として開発された中扉リフトつきの専用車両

士重工ボディのU20H型が5台、中型でリフトのない日野RL100型が1台採用された。

ボディカラーは貸切バスのホワイト＋グリーン＋オレンジの帯に対し、特定バスはホワイト＋ブルー＋オレンジの帯とされた。貸切バス、特定バスとも、営業所ごとに配置するメーカーを路線バスと揃えたため、台数が少ない割にメーカーと車型は多岐にわたる結果となった。

都市新バス用ハイグレード車、閑散路線用中型車の登場（1980年代）

1980（昭和55）年にはミニバスの貸与期限が切れ、新たにトヨタコースターK-BB11型13台が購入された。この車両は、イエローにマルーンの帯を締めた新たなボディカラーで登場した。しかしながら、ミニバスの利用者が伸びなかったため、わずか3年後には廃車となった。

一般路線車は1980年度からすべて冷房つきで新製された。同時に、前面と側面の方向幕が大型になっている。そして冷房車をアピールするため、ミニバスと同じイエローにマルーンの帯のボディカラーが採用された。ところが、冷房車が増えるにしたがって、このカラーが「派手」「暑苦しい」などと都民の不評を買った。そこで交通局は、色彩懇談会を設けて再検討。4種類の試験塗装車（うち1種類は岡本太郎氏デザインの参考出展車）を走らせ、都民にアンケートを行った。その結果、クリームにグリーン、裾部をグレーとした〝ナックルライン〟と呼ばれるデザイ

1982～83年度に採用された日産ディーゼルN-U36K。貴重な予燃焼室式エンジン搭載の昭和57年度排出ガス規制適合車

ンに決定。1982（昭和57）年度後期の車両から採用されている。

　1980年代の一般路線車は、いすゞ製がK-CLM470、P-LV314K、日野製がK-RE101、P-RT223AA、P-HT233BA、三菱製がK-MP107K、P-MP118K、P-MP218K、日産ディーゼル製がK-U36K、N-U36K、P-U32Kである。この時期、ディーゼル車の排出ガス規制が進められており、昭和54年度排出ガス規制適合車にはK-、昭和58年度排出ガス規制適合車にはP-が型式の頭につけられた。またN-は、直噴エンジンよりクリーンだと言われながら、燃費などの問題から消滅しかけていた予燃焼室式エンジン搭載の昭和57年度排出ガス規制適合車で、全国的にもわずかしかない希少な車両だった。

　一般路線車はP-の型式（三菱製はP-MP218K）

都市新バス〈都01〉系統用の三菱P-MP118K。先行架装されたスケルトンタイプのボディは逆T字型窓と4枚折戸を装備する

から、丸みのあるモノコックタイプに代わり、直線的スタイルのスケルトンタイプのボディとなった。1985（昭和60）年度から車掌台が廃止され、側面方向幕の位置が前扉の隣に移っている。三菱車を皮切りにフィンガーコントロールシフトが採用され、1988（昭和63）年度から中扉が4枚折戸に変更された。

なお、滝野川営業所を移転した北営業所には、志村営業所の統合によって、いすゞ車と日産ディーゼル車が混在した。一方で、江戸川営業所と今井支所を統合した臨海営業所にも、いすゞ車と日産ディーゼル車が混在することになった。そこで1982（昭和57）年、両者の交換が行われ、以後は北営業所＝日産ディーゼル、臨海営業所＝いすゞに統一されることとなった。

1984（昭和59）年に開業した都市新バスには、乗り心地の良い専用車両が使用されることになった。そこで〈都01〉系統を担当する渋谷営業所に、逆T字型窓（観光バスのように下部が固定式、上部が引き違い式の窓）と4枚折戸の中扉、ハイパックシートを装備する三菱P-MP118K型33台が配置された。〈都02〉系統の専用車はエアサス仕様となり、いすゞP-LV214K型28台が大塚営業所に配置された。あわせて在来車P-LV314K型7台、K-CLM470型14台について、座席の交換など都市新バス仕様への改造が行われた。以後、都市新バス専用車はエアサス仕様となり、〈都03〉系統では杉並営業所、〈都06〉系統では目黒営業所に日野P-HU233BA、〈都04〉系統では江東営業所に日産ディーゼルP-UA33K、〈都05〉系統では深川営業所にいすゞP-LV214K（富士ボディ）、〈都07〉系統では葛西営業所に日野U-HU2MLAA、〈都08〉系統では南千住営業所に三菱U-MP618Kが、それぞれ配置されている。

乗車密度が低い多摩地区の路線には中型車が使用されることとなり、1984年度には八王子支所にいすゞP-LR312J、青梅支所に日野P-RJ172BAが配置された。また都区内の狭隘路線にも中型車が投入され、三菱P-MK116J、P-MK117J、日産ディーゼルP-RM81Gが採用された。以後、青梅支所では全車両が中型車に統一されたほか、都区内でも中型車の数は増加していく。また八王子支所の中型車は、路線廃止により都区内に転属している。

貸切バスは1980年代に入り、ハイデッカータイプが選択されている。1980〜81年度に

1984年度から中型車の採用を開始。青梅支所には日野P-RJ172BAが投入され、乗降方式が中乗り後払いに変更された

1980年代に入ると貸切バスにはフルデッカーも登場。いすゞK-CRA580には川重フルデッカーⅠ型ボディが架装された

はセミデッカーのいすゞK-CRA580、日野K-RV742P、三菱K-MS613N、日産ディーゼルK-RA51Rが採用された。1981～89（平成元）年にはフルデッカーのいすゞK-CRA580、P-LV219Q、P-LV719R、日野K-RU607AA、P-RU638BB、三菱P-MS713N、P-MS713S、P-MS715S、日産ディーゼルP-RA52R、P-RA53TEが採用された。この間、1987（昭和62）～88年度にはセミサロンタイプ2台が加わり、1988年度から全長が12mフルサイズの車両となった。

特定バスは1980年代、養護学校の通学バス用として、いすゞ製のK-CLM470K、P-LV314K、P-LV314N、日野製のK-RE101、P-HT233BA、三菱製のK-MP107K、P-MP218K、P-MP218P、日産ディーゼル製のK-U36K、P-U32K、P-U32Nが採用された。いずれも中扉にリフトを装備し、一般路線車と同じように直結式の冷房車となった。また、1988年度には収容力の大きい長尺車が加わっている。この間、1985年には白地にライトグリーンのラインが入る新しいカラーに変更された。なお、聾学校・盲学校の通学バス用としては、引き続き経年貸切バスを転用して使用された。

1981（昭和56）年には、台東区が上野広小路～浅草雷門間に2階建てバスの運行を開始した。真っ赤なドイツ・ネオプランN326／3型3台を台東区が購入し、運行・管理を交通局が

1981年式ドイツ・ネオプランN326／3型ダブルデッカー。3台を台東区が購入し、都バス南千住営業所が管理した

担当。南千住営業所に配置された。日本初の2階建てバスによる路線バスで、この車両の設計思想はのちに運輸省の「二階建てバスの構造要件」に反映された。好評により、1988年には同じ赤色のネオプランN326J型1台を追加。1992（平成4）年には青色の2台、1995（平成7）年には赤色の1台、N326J型を導入して開業時の3台を置き換えた。

江戸川区も1989（平成元）年、小岩駅前〜葛西臨海公園間に2階建てバスの運行を開始した。カーブドガラスのネオプランN122は、やはり真っ赤なボディ。江戸川区が購入し、都バス臨海営業所が2台、京成バス江戸川営業所が1台、運行・管理を担当した。

低公害バスの導入と超低床化への取り組み（1990年代）

1991（平成3）年、都営交通創業80周年に合わせて貸切バスのボディカラーを一新。ホワイトをベースに、緑から黄色に色づくイチョウの葉を散らしたデザインとなった。この新車6台はいすゞU-LV771Rに統一。営業所の指定メーカーに関係なく渋谷、新宿、小滝橋、練馬、千住、臨海に配置された。1995（平成7）年には日野U-RU2FTABを5台購入。こちらも大塚、品川、南千住、江東、新宿に配置された。しかし、景気の低迷や旅行スタイルの変化などで貸切バスの需要は減少し、1996（平成8）年度以降は減車が繰り返された。

1991年に新塗色で6台が採用されたいすゞU-LV771R。貸切バスはこのときから、営業所を問わず車種が統一された

1990年代の一般路線車は、いすゞ製がU-LV324K、KC-LV380L、日野製がU-HT2MLAA、KC-HT2MLCA、三菱製がU-MP218K、日産ディーゼル製がU-UA440HSN、KC-UA460HSNである。都市新バス初期車両の代替も始まり、いすゞU-LV224KとKC-LV

1991年に試験的に1台導入された電気式ハイブリッドバス日野U-HT2MLA改。杉並営業所管内で使用された

280Lが大塚、三菱U-MP618KとKC-MP717Kが渋谷に配置された。閑散路線・狭隘路線用の中型車は、日野U-RJ3HJAA、KC-RJ1JJAA、三菱KC-MK219Jが増備された。型式の頭にU-がついているのは平成元年排出ガス規制適合車、KC-がついているのは平成6年排出ガス規制適合車である。

大気汚染や地球温暖化が深刻化するなか、こうした一般的なディーゼル排出ガス規制適合車より、さらに低公害な車両が求められた。そこで交通局はまず、電気式ハイブリッドバスの日野U-HT2MLA改を1991年に1台採用。杉並管内で試験運行を行った。そして1992年度から1998年度までに、一般路線用として日野U-HT2ML改、U-HT2MLAH、KC-RU1JLCH、都市新バス用として日野U-HU2MLA改、計66台を採用した。

また1994（平成6）年には畜圧式ハイブリッドバスの三菱U-MP618Kを1台採用。南千住管内で都市新バスに使用した。1994年度から1997年度の間に、一般路線用として三菱U-MP618K、三菱KC-MP637K、KC-MP737K、KL-MP737K、いすゞKC-LV280L、日産ディーゼルKC-UA460HAN、計55台を増備していった。

1994年にはCNGバスのいすゞKC-LV280L、日産ディーゼルU-UA440HSNとU-UA440HANを1台ずつ採用。東京ガスの充填施設を使用し、深川管内で試験運行を行った。その後、深川、北、臨海の各営業所に自前のCNG充填施設を建設。1995年度から1998年度までに、一般路線用としていすゞNE-LV288L、日産ディーゼルNE-UA4E0HAN、計88台を採用している。

このほか、1993（平成5）年度にはアイドリングストップ&スタート装置を試験採用。のちに在来車両への取り付け改造も行った。また1994年度には交互再生式DPF（粒子状物質除去装置）つきバス、2001（平成13）年には連続再生式DPFつきバスが導入された。

一方、東京都では1988（昭和63）年、「福祉のまちづくり整備方針」を策定。交通局でも

1991年に登場したスロープ板つき超低床バス。4メーカーに2台ずつ発注し、写真の三菱U-MP618Kは新宿と千住に配置

車両のバリアフリー化を推進するため、国産4メーカーに超低床バスの開発を要請した。その結果、床面地上高が一般低床車より30㎝低い55㎝、中扉に国内初の手動式スロープ板を備えた3扉ワンステップバスが開発され、1991年、いすゞU-LV870L、日野U-HU2ML改、三菱U-MP618K改、日産ディーゼルU-UA440HAN改を2台ずつ購入。新宿に移転した新都庁へのシャトルバスや沿線に福祉施設などがある路線で使用した。1992（平成4）～98年には、この車両のスロープ板をリフトに変えて2扉にしたいすゞU-LV870L、KC-LV880L、日野U-HU2ML改、KC-HU2MLCS、三菱U-MP628M、KC-MP627M、日産ディーゼルU-UA440HAN、U-UA440KAN、計48台を採用し、病院や福祉施設のある路線、都市新バスなどで使用した。

都バス初のノンステップバス日産ディーゼルKC-UA460KAM。ワンステップバスに代わり、都庁シャトルバスで使用された

しかし、これらの車両は特殊な構造で、価格が一般車両の約2倍と高く、大量に増備することはできなかった。そこで1995年には、いすゞU-LV324K型3台を、市販のワンステップバスをベースに段差の小さいツーステップバスとして導入し、「らくらくステップバス」と名づけた。さらに1995〜98年度には、この車両をエアサスにしてニーリング機構（乗降時にドア側の車高を下げて段差を小さくするしくみ）を装着。一部はリフトも装備して「新低床バス」と名づけた。いすゞKC-LV280Lと中型のKC-LR333J、日野KC-HU2MLCAと中型のKC-RJ1JJCK、三菱KC-MP717K、計153台が増備されている。

1997年3月、国の先駆的事業の一環として、東京、横浜、名古屋、京都の4都市にノンステップバス

「銀ブラバス」専用のレトロ調バス日野U-CG4KSAU。特装車のシャーシに東京特殊車体がボディ架装したもの

が試験導入された。これは床面地上高35㎝、乗降時に車高を下げるニーリング時は23㎝で、中扉にはスロープ板を備えたもの。〝ナックルライン〟にオレンジ色のサークルをあしらった新たなボディカラーが採用され、三菱KC-MP747Kと日産ディーゼルKC-UA460KAM、各1台が都庁シャトルバスで稼働を開始した。翌年からはいすゞKC-LV832Lと日野KC-HU2PMCEも加わり、ノンステップバスはその数を増やしていく。さらに、1999（平成11）年にはいすゞKC-LV832L、日野KC-HU2PMCE、日産ディーゼルKC-UA460KAM、2000（平成12）年には三菱KC-MP747KにCNGノンステップバスが登場し、地球にやさしく人にもやさしいバスが東京の街を走り始めた。

特定バスは1990年代、いすゞU-LV324KとKC-LV380L、エアサスのKC-LV280L、中型の

U-LR332J、日野の中型車U-RJ3HGAAとU-RJ3HJAA、三菱のエアサス車KC-MP717Kと中型車U-MK517Jが採用された。このうち三菱の中型車はトップドアの観光タイプで、盲学校の通学バスに使用された。

1992年には中央区が銀座地区を周遊する「銀ブラバス」の運行を開始。専用車両の日野U-CG4KSAU型3台を中央区が購入し、都バス深川営業所が運行・管理した。後部に展望デッキのあるレトロ調バスは銀座の街によく似合ったが、乗客数は伸び悩み、2000年3月に運行を終了した。また2階建てバスも次第に乗客が減少し、江戸川区の路線は2000年9月、台東区の路線は2001年3月に、それぞれ運行を終了している。

路線バスは100%ノンステップバスに（2000年代）

低公害と低床化が両立できたことにより、2000（平成12）年度以降の都バスの新車購入はノンステップバスのみとなる。同年度にまず中型CNGノンステップバスの日産ディーゼルKK-RM252GANを3台購入したのち、2001（平成13）～03（平成15）年度に、大型車はいすゞKL-LV834LとKL-LV280L1、三菱KL-MP37JKとKL-MP37JM、日産ディーゼルKL-UA272KAMとKL-UA452KANで、このうちLV834L、M

2001年には中型ロングタイプの採用を開始。写真の日産ディーゼルKL-JP252NANのほか、日野製と三菱製も導入されている

〈RH01〉系統専用の三菱KL-MP37JM。森ビルから貸与された車両で、当初は村上隆氏デザインのラッピングが施されていた

Ｐ37ＪＫ、ＵＡ272ＫＡＭにはＣＮＧノンステップバスが含まれる。またＭＰ37ＪＭは、渋谷駅前～六本木ヒルズ間を急行運転する〈ＲＨ01〉系統専用車で、全長が通常の都バスの大型車より50㎝長く、車内には2人掛けシートが並ぶ特別仕様である。

　中型ロングタイプは日野ＫＬ-ＨＲ1ＪＮＥＥ、三菱ＫＫ-ＭＫ27ＨＭ、日産ディーゼルＫＬ-ＪＰ252ＮＡＮを採用。中型ロングタイプとは、中型車幅ながら全長が

10・5ｍあり、大型車並みの収容力を誇る車両。価格が大型ノンステップバスより安く、東京では京王や東急なども好んで購入している。ＨＲ１ＪＮＥＥのうち、２００３年式の5台は、観光路線バス「東京▼夢の下町」の専用車。運行開始に先立ち、首都大学東京との産学連携でデザインされたレトロモダンタイプの外装に大改造。車内2カ所のモニターには、沿線ガイドが映し出される。

なお、ノンステップバスの仕様はエアサス・逆Ｔ字型窓であることから、従来の都市新バス専用車と比べ遜色はなく、都市新バスにも運用されるようになった。したがって以後、都市新バス用の特別車は製造されなくなっている。ただし、大型車・中型ロングタイプともに、２００３年度の購入車両のみ、側窓に固定窓が採用され異彩を放っている。

都バスでは戦後一貫して、営業所・支所ごとに指定メーカーの車両を購入し、配置してきた。しかしながら、２００４（平成16）年度からは一般競争入札による車両購入方式に変更され、年度ごとに同一の車種がすべての営業所・支所に配置されることとなった。２００４年度はいすゞＰＪ-ＬＶ２３４Ｌ１を79台、日野ＰＪ-ＫＶ２３４Ｌ１を45台採用。両者は統合モデルと呼ばれ外観が同一であり、１２０台を超える同型車が揃うこととなった。また、このグループからＬＥＤの行き先表示器が本格的に採用され、以後は在来車両のＬＥＤ化改造も行われていく。

CNGバスは燃料タンクを屋根上に載せることでノンステップ化。写真の2007年式三菱KL-MP37JKが最終増備車

２００５（平成17）年度はいすゞＰＪ-ＬＶ２３４Ｌ１を47台、日野ＰＪ-ＫＶ２３４Ｌ１を69台、日産ディーゼルＡＤＧ-ＲＡ２７３ＫＡＮを19台採用。ＬＶ２３４Ｌ１のうち５台はＣＮＧノンステップバスである。２００６（平成18）年度は日産ディーゼルＰＫＧ-ＲＡ２７４ＫＡＮを１１４台、三菱ＫＬ-ＭＰ37ＪＫのＣＮＧノンステップバスを５台購入した。しかし都バスでは翌年度から、新たに発売されたハイブリッドノンステップバスの採用を開始。ＣＮＧバスの購入は２００６年度が最後となった。廃車が進むにつれてＣＮＧバスは臨海営業所に集められ、北営業所と深川営業所のＣＮＧ充填設備は撤去されている。

２００７（平成19）年度は日野ＰＫＧ-ＫＶ２３４Ｎ２を１０２台、ハイブリッドノンステップバスの日野ＢＪＧ-ＨＵ８ＪＬＦＰを５台採用。２００８（平成20）年度は日産ディーゼルＰＫＧ-ＲＡ２７４ＫＡＮを60台、ハイブリッド

低公害ノンステップバスはCNG車からハイブリッド車の時代となり、2007年から日野BJG-HU8JLFPが採用されている

の日野BJG-HU8JLFPを43台、中型のいすゞPDG-LR234J2を7台採用した。2年後にバス製造事業から撤退する日産ディーゼル車の購入は、このグループが最後となった。ハイブリッドバスの大量増備もめだち、CNGバスのように設備的な制約を受けないメリットが生かされている。中型車は青梅支所に配置されたが、同支所が大型車と中型ロングタイプに統一されることになり、品川営業所に移籍した。なお、2007年度からドライブレコーダー、2008年度から車載カメラが導入されている。

2009(平成21)~15(平成27)年度には、いすゞ製のPKG-LV234L3を52台、QPG-LV234L3を72台、ハイブリッド車QQG-LV234L3を8台、日野製のハイブリッド車BJG-HU8JLFPを52台、LJG-HU8JLGPを20台、三菱製のLKG-MP37FKを166台、QKG-MP37FKを20台採用した。この間、

最新車両は2015年度購入のいすゞQPG-LV234L3。深川所属車は「グリーンアローズ」のヘッドマークを掲げ、都市新バス路線で活躍する

2009年度の購入車両からバックアイカメラを本格導入。2010（平成12）年度の購入車両から、ステップアップ部分にも立ち客を誘導し、ラッシュ時の混雑を緩和するため、中扉より後方も1人掛け座席に変更している。なお、2013（平成25）年度にはノンステップバス100％を達成した。

2001年には台東区コミュニティバス「めぐりん」の運行を交通局が受託。台東区が購入した全長7mの中型ノンステップバス、日野KK-HR1JEE型3台が南千住営業所に配置された。しかし、2004年からは日立自動車交通が受託したため、車両も同社に移籍した。また、2005年には江東区コミュニティバス「しおかぜ」の運行を交通局が受託。江東区が購入した小型CNGバス、日野PB-RX6JFAA型1台が深川営業所に配置されている。

貸切バスは2006年度にいすゞPKG-RU1ESAJに統一。渋谷と南千住に配置され、南千住所属車は隅田川の流れにサクラをあしらったデザイン

特定バスは、東京都の財政悪化により車両更新費の全額負担を受けられなくなったこと、随意契約から入札方式への変更などにより、次第に事業規模を縮小。2000年度のいすゞKC-LV280L型8台を最後に新車導入も行われず、2006年度には運行を終了した。

貸切バスは、需要の減少と規制緩和による競合の激化から収支が悪化し、2000年度には5台まで減車された。しかし、2006年度にこの5台の車両更新を実施。いすゞ新型ガーラPKG-RU1ESAJが採用された。ボディカラーも刷新し、渋谷営業所の3台は神宮の杜の緑にイチョウ、南千住営業所の2台は隅田川の流れの水色にサクラがあしらわれた。これを機会に改めてPRが行われ、新しい都バスの貸切バスが印象づけられた。

乗車ルポ

レトロモダンな専用バスで下町の見どころ周遊
〈S-1〉系統（東京駅丸の内北口〜錦糸町駅前）

２０１２（平成24）年に復原工事を終え、大正時代初期の創建当時の姿に戻った東京駅丸の内駅舎。これを見上げる北口１番乗り場から、土日祝日に限って１日４便、〈S-1〉錦糸町駅前行きが出ている。「東京▼夢の下町」と名づけられたこの系統は、東京都の観光振興施策の一環として、２００８（平成20）年に開業した観光路線バスだ。専用のノンステップバスは首都大学東京との産学連携によりデザインされ、曲線を多用したレトロモダンなスタイルが特徴。レンガ造りの東京駅丸の内駅舎によく似合い、まるでヨーロッパの古都にいるかのような錯覚に陥る。

東京駅丸の内北口

車内

日本橋三越前

4便目の13時41分発に乗車。熟年の日本人夫婦やキャリーバッグを引いたアジア人観光客などと一緒に、東京駅をあとにする。「次は日本橋三越前でございます」の日本語放送のあと、英語、中国語、韓国語の放送。続いて流れる日本橋の歴史や見どころなどの解説、車内2カ所の液晶モニターに映る停留所周辺の案内、前扉と中扉付近に常備された沿線ガイドマップも、すべて4カ国語で提供されている。車内はノンステップ部分に1人掛けの横向きシートが並び、ステップアップ部分はサロン風のつくり。天井には星空のようにLEDランプが散りばめられている。一般の都バスとはまるで異なる雰囲気に、なんだかわくわくして、観光気分が盛り上がってくる。

永代通りの呉服橋バス停を通過。〈S-1〉は、観光スポットだけに停車する急行運転である。中央通りに左折して日本橋を渡り、日本橋三越前に停車。シルバーパスを見せ、熟年女性3人組が乗り込んだ。東北新幹線と上野東京ラインの2階建て高架を見上げる神田駅前では、小さな男の子3人を連れた若夫婦が乗車。須田町にも停車して万世橋を渡り、家電量販店とゲームショップ、アニメショップがひしめく秋葉原の街を行く。

「次は上野松坂屋前でございます」の放送に、「私、松坂屋に寄りたいから降りるわ。あなたはどうする？」と先ほどの熟年女性。結局、3人揃って降りていった。土日祝日の〈S-1〉は、婦人たちの買い物バスでもあるようだ。

ここから先の〈S-1〉は毎時2～3本に増え、平日も運行されている。上野公園山下では、日本人のカップルや白人夫婦、アジア人観光客のグループなどが加わり、立ち客も出る混雑ぶりとなった。上野～浅草間といえば1980～90年代、台東区が都バスに委託して2階建ての観光路線バスを走らせたところ。昭和の時代から、下町を代表する観光スポットである。

上野駅のガードをくぐり、浅草通りに右折。車窓の右手、北向き側だけに仏具店が並ぶ独特の街並みとなり、菊谷橋に停車する。ここは「かっぱ橋道具街」の入口。もともとはプロの料理人が調理器具を調達する専門店街だったが、近年は精巧な食品サンプルが外国人観光客の間で人気となり、観光スポットのひとつになった。この日も白人夫婦のほか、数人が降りていった。

国際通りに左折、雷門通りに右折すると、前方に東京スカイツリーがぐんと近づき、前方の乗客がざわめく。アーケードの歩道に観光客があふれる浅草一丁目、浅草雷門で、およそ半数の乗客が下車。ぐずり始めていた神田駅からの若夫婦の末っ子も、叱られながら人込みに飲まれた。

浅草寺の雷門前を通過し、客待ちの人力車群の脇をすり抜け、吾妻橋で隅田川を越える。

〈S-1〉は開業当時、雷門前を右折し、厩《うまや》橋で隅田川を渡り、「江戸東京博物館」のある都

浅草雷門

押上

営大江戸線両国駅前を終点としていた。しかし、東京スカイツリーのオープンにともない、押上・錦糸町駅前への系統がほとんどとなり、2012（平成24）年には都営両国駅前への系統が廃止されている。

炎のオブジェで有名なアサヒビール本社ビルや墨田区役所に近いリバーピア吾妻橋前に停車。普段着の中年男性が乗る。浅草～錦糸町間は、〈都08〉系統と同じルートを急行運転するので、〈S-1〉停車停留所までの利用者は、どちらか先に来たほうを選ぶようだ。浅草通りに戻ると、スカイツリーは近すぎてもう、車窓に収まらない。とうきょうスカイツリー駅入口と押上で、スカイツリーの見学客が5～6人ずつ乗降する。下町の新たな観光スポットの誕生により、ますます多くの観光客に利用されている〈S-1〉。その一方で、並行する都バス一般路線の補完的な役割も果たしている。こんな素敵なバスに、日常生活のなかで乗れる沿線の人々がうらやましいと思う。

四ツ目通りに右折すれば、ほどなく終点の錦糸町駅前。東京駅丸の内北口から約50分、上野松坂屋前から約30分の車上観光だった。折り返しの〈S-1〉が、〈都08〉と共用する錦糸町駅前の北口2番乗り場に入線すると、買い物帰りの地元の人たちが次々に乗り込んでいった。

乗車ルポ

ビニールシートの通称〝さかなや〟
〈市01〉系統（新橋駅前～築地中央市場循環～新橋駅前）

新橋駅の銀座改札を抜けた目の前に、新橋駅前1番乗り場がある。ここを起点に運行される〈市01〉系統は、利用者の行き先が中央卸売市場築地市場か国立がん研究センターにほぼ特化されている。そのため、平日と土曜日は朝5時02分からスタート。都バス全路線のなかで一番の早起きだ。半面、夕方17時10分には最終バスが出てしまう。また、市場休業日には初便が7時35分発と遅くなり、築地市場には乗り入れないルートに変更。さらに、日祝日には全便が運休となる。

平日の朝、7時44分発の便を待つ。この時間は5～7分間隔の運行なので、すぐに次のバスが現れ

新橋駅前

車内

る。車両は中型で、座席はすべてビニール張り。いずれも、〈市01〉でしか見られないものだ。中型車は、〈市01〉では1987（昭和62）年から使用され、現在の車両は青梅から転属した2009（平成21）年式。かつては多数が活躍した都バスの中型車だが、大型車への車種統一が図られるなかで数を減らし、現在は〈市01〉用の7台だけになった。また座席は代々ビニール張りで、現行車両も転属時に改造。乗客が持ち込む生鮮品による汚れを残さないための配慮だ。

乗り慣れた感じの中年男女5人を乗せて発車。外堀通りから海岸通りに右折し、浜離宮前を通過する。新大橋通りに入った築地五丁目で、中年男性2人が下車。築地市場以外への通勤客もいることがわかる。中央市場前の交差点を右折して、築地中央卸売市場の正門から場内へ。ちょうど競りが終わった時間なのか、あたりは活気にあふれている。段ボールや発泡スチロールの箱を満載したターレーが行き交い、大型のウイングトラックが何台も待機中。バスはそれらに遠慮しながら、注意深く進む。一番奥の降車場ですべての乗客を降ろしてUターン。正門近くの乗車場で、2つのクーラーボックスを提げた料理人風の男性などを乗せ、あわただしく市場をあとにした。

築地に中央卸売市場が設けられたのは1935（昭和10）年のこと。市場に乗り入れる都

築地中央市場

バスは、1948（昭和23）年に新橋駅からの〈14〉系統、1951（昭和26）年に新宿駅西口からの〈304折返〉系統が開設され、のちに〈市01〉〈市02〉系統となった。1970年代の路線再編のなかで〈市02〉は廃止され、〈市01〉は何度か経路が変更されて現在のルートになった。〈市01〉を担当する品川営業所では、昔からこの系統と専用車両を〝さかなや〟と呼んでいる。

1本後のバスに乗ると、帰路は市場の正門から直進。国立がん研究センター前のバス停を経て新橋駅前に戻った。降車が終わるのを待って乗り込み、タオルで座席を拭いてまわる学生風のアルバイト。シートをビニール張りにするだけではない、都バスの乗客サービスの形である。

第4章　安全を支える都バスのバックヤード

都バスの営業所・支所は18カ所　歴史も規模もさまざま

およそ1500台の都バスの運行を管理しているのが、東京都交通局の各自動車営業所と支所である。都バスには現在、11の営業所と7つの支所があり、このうち17が都区内、一つが多摩地区にある。これらの営業所・支所は歴史も規模もさまざまで、それぞれに個性を持っている。

まず歴史についてみると、戦前に開設されたのが、品川、渋谷、新宿、小滝橋、練馬、千住、江東の各営業所・支所である。このうち、渋谷、新宿、千住は当時の東京市電気局が自らの手で設置。その他は戦時統合により民営バスから引き継いだもので、品川と江東は東京地下鉄道（青バス）、小滝橋と練馬は東京環状乗合が開設したものである。

戦後は東京の人口の郊外移転が進み、都バス路線も郊外に延びていった。1960～70年代には郊外の宅地開発が本格化し、都バスの乗客も増加して、運行体制の強化が求められた。こうした流れのなかで、青梅、青戸、江戸川の各営業所・支所が開業した。なお、青梅は同時に開業した八王子が廃止されたため、現在、多摩地区で唯一の都バスの運行拠点となっている。

1960年代から70年代にかけては、都電・トロリーバスの廃止も進められ、その代替輸送を都バスが担当した。このとき、増大した都バスの基地として、都電の営業所の跡地が活用された。

こうして誕生したのが、杉並、早稲田、巣鴨、南千住の各営業所・支所である。
一方、1960年代以降、都内各地で大規模な再開発が行われ、東京は高層ビル群が林立する近代都市へと生まれ変わった。都バス営業所のなかには、手狭になった従来の車庫を再開発の手に委ね、臨海部などに広い敷地を確保して、新たな基地に生まれ変わるところも出てきた。港南、北、臨海、深川の各営業所・支所はこうして移転・開設されたものである。

このように、営業所開設の歴史的背景が異なることもあり、各営業所・支所の規模は大きく異なっている。配置車両の台数でみると、営業所のなかで最も多いのは江戸川の174台。次いで深川の157台、品川の128台となる。最も少ないのは早稲田の43台。次いで小滝橋の55台、千住の65台となる。支所で一番多いのは臨海の98台。少ないのは新宿の28台だ。営業所である早稲田より、支所である臨海のほうが、2倍以上多い車両を管理しているのは興味深い。

都バスの経営改善の過程で、港南、新宿、杉並、青戸、臨海の各支所は、はとバスに管理が委託された。このとき路線の持ち替えが行われ、比較的採算性の良くない路線を委託営業所が担当することになっている。臨海支所の場合、担当路線が広域にわたり、所属車両も多いが、各系統の運行本数が比較的少ないといった特徴を持っている。

都バスの営業所を解剖する！　深川自動車営業所の場合

　都バスの運行を支える営業所・支所であるが、一般の乗客が営業所を訪ねる機会はあまりない。一日乗車券や都バスフリーカード（定額定期券）は車内でも買えるし、その他の定期券やみんくるガイドも駅などの窓口で入手できる。時刻表はスマートフォンでも確認できる時代だ。最近は都バス営業所で取材していても、忘れものを引き取りに来る人くらいしか見かけなくなった。そこで本章では、営業所について徹底的に紹介しよう。訪ねたのは、深川自動車営業所である。

　深川営業所は戦後まもない１９４７（昭和22）年、江東区東陽町に開設された江東営業所洲崎分車庫を起源とする。2年後には洲崎営業所として独立。のちに東雲分車庫が設けられた。そして１９６８（昭和43）年、洲崎営業所と東雲車庫が併合され、深川営業所が誕生したのだ。

　深川営業所の路線エリアは、江東区の南西部（豊洲・臨海副都心地区）、中央区南東部（晴海・月島地区）を中心に、千代田区、港区、墨田区の一部となっている。営業所が開設されたころ、未開の埋め立て地だった臨海地区はその後、各地域の再開発によって飛躍的に発展。大規模な高層住宅群や複合施設などが次々に姿を現した。このため、深川営業所の担当路線も再編が繰り返され、運行系統や運行本数の見直しが行われ、街の変貌に比例するように成長を続けてきた。

現在の在籍職員は320人で、うち258人が運転手。所属車両数は157台である。運行路線は11系統あり、このうち9系統が一般路線、2系統が特殊路線となっている。一般系統は、〈海01〉〈波01〉〈都05〉〈業10〉〈木11甲〉〈錦13〉〈東15〉〈東16〉〈門19〉で、このうち〈海01〉〈波01〉は品川営業所と共同で担当している。特殊路線とは、短距離循環系統の〈豊洲01〉、江東区コミュニティバスの〈江東01〉で、〈江東01〉には専用の小型CNGバスが使用されている。

沿線の臨海副都心には、国内最大のコンベンションセンター「東京ビッグサイト」があり、大規模なイベント等の開催日には乗客が増えるため、臨時輸送が行われる。臨時輸送では、ビッグサイトと駅との間の直行系統を、土地勘の薄い他営業所からの応援のバスが担当。深川営業所のバスは既存系統の増発便を担当する。

いまなお沿線の再開発が行われており、乗客の増加傾向が続いている深川営業所。2020(平成32)年の東京オリンピック・パラリンピックでは、沿線で多くの競技の開催が予定されており、さらなる発展が期待される。

運転手を迎えに行く人がいる？　深川営業所で働く人々

一般の乗客が接する都バスの職員といえば、ほとんどが運転手のみ。あとは混雑時などに乗り場で案内をしたり、営業所を訪ねたときに応対したりしてくれる事務職員くらいであろう。そこで次に、都バスの営業所ではどのような人たちが働いているのか、見ていくことにしよう。

営業所全体を統括するのは営業所長であり、これを副所長が補佐している。この2人のもとで勤務する職員たちは、管理担当、運輸担当、車両担当の3つの組織に分けられている。

管理担当の責任者は副所長が兼務し、ここに庶務助役、路線助役、安全助役を1人ずつ配置。庶務助役は案内業務・庶務担当7人とともに、出納、人事、給与などの事務、物品や建物などの管理を行うほか、乗客案内も担当している。路線助役は路線担当1人とともに、バス停の維持管理、イベント時のダイヤ作成、ダイヤ改正時のダイヤ作成を行い、さらに路線の新設や廃止にともなう事務も担当している。安全助役は事故防止担当1人とともに、文字どおり安全管理と事故防止に努めている。具体的には、法令で義務づけられている年4回の安全研修、〝ヒヤリハット〟体験の映像をもとにした情報共有と安全指導などを行い、優良運転手の警察表彰に関する事務も担当している。また警察と連携した走行環境の改善にも取り組み、たとえば塾の終了時間にバス停付近に集まる保護者のマイカー、バス停に停めて社員を乗降させている企業送迎バスなど、都バスの運行や乗客の乗降に支障となるものについて、警察の協力を得て改善を図っている。

運輸担当をまとめるのは統括運行管理者で、ここに点呼執行者で課長代理の運行管理者2人、運輸助役の運行管理者8人が所属。職員交代で24時間体制で業務にあたっている。その仕事は仕業点呼・終業点呼などの運行管理事務のほか、運転手の勤務割を作成する勤怠事務、車両の運用を考える操車事務、ダイヤが乱れたときの調整や遺失物の管理を行う発車事務、運賃の現金や乗車券の管理、営業所の窓口業務などを行う会計事務などを担当している。

258人の運転手たちも、運輸担当の組織の一員だ。深川営業所で一番早い出勤時間は5時40分で、この運転手は6時10分に出庫し、昼過ぎくらいまで乗務する。反対に、昼過ぎくらいに出勤した運転手は終バス近くまで乗務し、一番遅い入庫は23時23分である。朝と夕方のラッシュ時間だけに乗務し、日中は営業所で休憩している中休ダイヤもある。さらに、夕方から深夜まで乗務して営業所で仮眠。朝4時台に起きて5時台前半に出庫。ラッシュが終わる9時ごろには退勤となる泊まりダイヤもある。これらを巧みに組み合わせ、乗客のニーズに対応しているのだ。

また、都バス独特の職名として、運輸担当のなかに5人、始動員と呼ばれる人たちがいる。始動員とは、鉄道でいえば構内運転士。入庫したバスを次の出庫がスムーズにできるよう並べるのが仕事である。都バスに限らず都内のバス営業所では、限られた敷地に多くのバスが配置されている。したがって、うっかり置き場所を間違えると、前の車両が邪魔でバスが出庫できなくなってしまう。そこで、次のダイヤを考え、バスを順番に並べなければならないのだ。民営バスの場合、その日乗務ダイヤを持たない予備勤務の運転手が、この仕事を担当していることが多い。けれど予備勤務の運転手は、急な欠勤やダイヤの乱れで、急遽、乗務しなければならないことがある。そこで都バスでは、始動員という専属要員がこの仕事を担当しているのである。

この始動員には、もうひとつ仕事がある。前記したように、運転手の一番早い出勤時間は5時40分であり、都バス自身がまだ動いていない。そこで、早朝出勤の運転手のために、地下鉄の木場駅や豊洲駅をまわり、営業所まで運んでいるのだ。最後のバスを格納した始動員は営業所で仮眠。翌朝、都バス車両に「回送」の表示を出して、クルマもまばらな早朝の街を走っている。

3つめの車両担当は、営業所のなかの整備工場。整備管理者のもとで、3人の交通技術職員と13人の交通技能職員が働いている。ここでは1カ月ごとの自主点検や3カ月ごとの法定点検などを実施。タイヤ交換や運賃箱の修理作業なども行っている。都バスの場合、車検やエンジン修理などは、車両課直轄の自動車工場がすべての営業所の車両について担当している。この工場は深川営業所と同じ敷地内にあるものの、営業所とは異なる組織なので、本章の最後に詳しく紹介することにする。

交通局東雲総合庁舎1階にある深川営業所の事務室。管理担当と運輸担当の事務職員が働いている

大きな湯船と豊富なメニューの食堂！　深川営業所の施設

320人の職員が勤務する深川営業所は、1991（平成3）年に竣工した交通局東雲総合庁舎のなかにある。地上7階建ての庁舎は、1・2階が深川営業所、3・4階が交通局研修所、5階以上が交通局東雲寮となっている。ここでは、営業所部分の施設について紹介しよう。

深川車庫前のバス停で降り、目の前の扉を入ったところが営業所事務室。すぐ左手に、入庫したバスの運賃箱をセットする精算機があり、長いカウンターが続いている。カウンターの向こうには、デスクを向い合せた島がいくつかあり、管理担当と運輸担当の事務職員が働いている。運輸担当のデスクの前のカウンターを挟んで、運行管理者と

2階の浴室は広くて清潔。力仕事もこなす車両担当には、とくにありがたい設備といえる

運転手の点呼が行われている。

事務室の一角に2台の運行監視モニターがあり、深川営業所が担当する全路線のバスの現在地がリアルタイムに表示されている。現在地にはバスの局番、ダイヤ上の通過予定時刻、実際の通過時刻が記され、定刻どおりなら水色、5分以内の遅れなら黄色、10分以上遅れると赤色が、文字のバックにひかれる。この日は赤色が1台、黄色が2台だけ。あとはみんな水色で、順調だ。

「こういう日は安心です」と、モニター画面を見ながら運輸担当。ダイヤが大きく乱れると、運輸担当は運転手に的確な指示を出さなければならない。営業所とバスは、無線で交信を行う。

2階には職員食堂も設けられ、安くてボリュームのあるメニューを提供。代金の支払いは「エディカード」で行う

そのほか1階には、応接室とトイレ、小ぶりな乗務員控え室、ロッカー室がある。都バスでは乗務中、携帯電話や財布などの私物を持つことを禁じている。運賃などと運転手個人のお金が交じることを避けるもので、かつて回数券やバスカードを手売りしていたころの名残といえる。このため運転手は、ロッカー室で制服に着替えるとともに、私物を専用の金庫のなかに保管している。

2階には会議室と仮眠室。会議室は管理担当が行う安全研修などに使用される。仮眠室は前記した泊まり勤務の運行管理者や乗務員などのためのものだ。また中休ダイヤでは、営業所内にさえいれば、休憩時間を自由に過ごしてよいため、仮眠室で休息をとる運転手もいるそうだ。仮眠室の隣は浴室だった。これがなかなか広くてきれい。真夏の暑さや真冬の寒さのなかで働かなくてはならない、車両担当にはとくにありがたい設備だと思う。

仮眠室と浴室は、小さなものが女性用として用意されている。けれど現在のところ、深川営業所には女性の運転手や整備士はおらず、利用者のいない2つの部屋は閉鎖されていた。

2階フロアのおよそ3分の1を占めるのは、大きくて明るい職員食堂だ。定番の麺類や丼ものなどメニューが豊富。入口のボードには今日のおすすめが手書きされ、おいしそうな日替わりの定食類がいくつも並んでいた。勤務中の運転手は現金を持っていないため、食券の自動販売機は「エディカード」専用となっている。

なお、車両担当が働く整備工場は、この建物のなかではなく、バスの駐車スペースを挟んだ向かい側。車両課直轄の自動車工場と棟続きの建物にある。

かつてはいすゞ車のみ、いまは4メーカーが揃う深川営業所の車両

深川営業所には現在、157台のバスが配置されている。国産4メーカーすべてが揃っており、いすゞ62台、日野53台、三菱ふそう39台、日産ディーゼル3台となっている。いすゞ車、三菱車、日デ車はすべて大型ノンステップバスで、三菱車のみオートマチック仕様。日野車には大型ノン

ステップバスと中型ロングタイプのノンステップバス、江東区コミュニティバス専用の小型CNGツーステップバス（ステップリフトつき）があり、大型ノンステップバスのうち33台はハイブリッドバスである。小型車以外の全車両にアイドリングストップ装置とニーリング機構がついている。

第3章で触れたように、都バスでは2004（平成16）年度から、新車の購入に入札方式を採用した。このためある一年を見れば、同じ車種がすべての営業所に配置される。しかし落札するメーカーは年度ごとに異なるため、1つの営業所に複数のメーカーの車両が並ぶことになった。

2003（平成15）年度以前は、都バス車両のメーカーは営業所ごとに決められていた。深川営業所はいすゞ車で、さらに1995（平成7）年度まではいすゞ純正でなく富士重工製のボディが架装された車両が基本だった。

1988（昭和63）年には都市新バス〈都05〉系統を担当し、エアサス・ハイバックシートつきの専用車両が配置された。1995（平成7）年にはCNGバスが配置され、構内にCNG充填所が整備された。また同年にはリフトつきワンステップバスも登場。1999（平成11）年からノンステップバスが活躍を開始した。

異色の車両として、「銀ブラバス」がある。「銀ブラバス」は、中央区から運行委託された銀座

深川営業所の所属車両は157台。新車の購入が入札方式に変わり、4メーカーのバスが揃うこととなった

地区などを巡る観光周遊バス。この運行を深川営業所が担当し、センターアンダーフロアエンジンのレトロ調バスが1992（平成4）年から2000（平成12）年まで配置されていた。

また、深川営業所は自動車工場が隣接していることもあり、メーカーと連携した技術開発のための試作車など、変わった車両の所管営業所にいつも選ばれてきた。燃料電池バスや非接触給電ハイブリッドバス、次世代ハイブリッドバスなど、新技術の実用化を前に、さまざまな車両のハンドルを握る運転手、メンテナンスを行う整備士たちには頭が下がる思いだ。

出勤後にまず行うのがアルコールチェック。都バス運転手は勤務前夜の飲酒を禁止されている

都バス運転手の一日を追う① 30分間で行う出庫準備

都バスの職員のなかで、バスのハンドルを握る運転手は、一般の乗客にとって最も身近な存在だ。しかし運転手の仕事は、乗客を乗せての営業運転がすべてではない。営業所への出勤から出庫まで、営業前の回送、営業の合間の休憩、入庫から退勤までなど、ふだん乗客の目に触れないところを含め、運転手はどのような一日を送っているのだろうか。交通局に事前に許可をとり、2016（平成28）年7月11日の月曜日、深川営業所311ダイヤ、佐々木靖男運転手の仕事に同行してみた。

311ダイヤの出庫は6時半過ぎ。出勤時刻は出庫の30分前と決められている。しかし、千葉県の自宅から通勤する佐々木さんは、5時半過ぎには営業所に到着。ロッカー室で制服に着替え、1階の営業所事務室に姿を現す。初めにアルコールをチェック。カウンターにある計測器に息を吹き込む。アルコール濃度が法令の酒気帯びの数値を超えていればもちろん、たとえ法令数値以下でも酒気を帯びての乗務はできない。このため都バスの運転手は、勤務前夜の飲酒を禁止されている。

続いて運賃箱の金庫などを探す。157台のうちの1台を見つけやすいよう、A代、Z代など局番ごとにまとめられている。隣のホワイトボードで、今日乗務するA671の駐車場所を確認。広い構内でも、乗務するバスがすぐ見つかるようになっている。駐車場所に向かい、都市新バス「グリーンアローズ」のヘッドマークが掲げられたA671を発見。前扉を開け、運賃箱に金庫などをセットする。これにより、バスロケーションシステムの位置情報が特定されるほか、乗務終了後には乗客数や運賃収入などが営業側のシステムに記録される。

運転席に座り、ハンドルの左にあるボードにスターフを設置。スターフには、このダイヤの出入庫時刻、起終点と主要停留所の時刻が記されている。さらに、電子スターフにダイヤ番号を打ち込む。これにより、各停留所の時刻が順次、表示されていくとともに、前面・側面・後面にある

この日乗務するバスの金庫を探す。棚に並ぶ金庫は見つけやすいよう、局番の年式ごとにまとめられている

ＬＥＤの行き先表示装置や車内前方の液晶画面の次停留所表示装置が自動的に切り替わる。

燃料計などのメーター類をチェックしたら、灯火類をすべて点灯させ、点検ハンマーを持って車外へ。日常点検を開始する。バスのまわりを一周しながら、ヘッドライト、ウインカー、ブレーキランプなどが切れていないか、タイヤの空気圧とホイールナットに異常はないか、ドア開閉やブレーキなどさまざまな機能をつかさどるエアが十分かなどをチェック。エンジンルームを開け、ベルト類に緩みはないか、エンジンオイルの量と汚れは大丈夫かを確認する。

すべてが異常なしと確認できたところで、いったん営業所の庁舎へ。カウンターを挟み、

電子スターフにダイヤ番号を打ち込む。これにより、各停留所のダイヤ上の時刻と現在時刻が表示され、確認しながら運行できる

運行管理者と相対して始業点呼。ダイヤ番号、車両の局番、この日の注意事項などを確認する。311ダイヤは都市新バス〈都05〉系統。晴海埠頭と東京駅丸の内南口の間を6往復する。コミュニティバス以外のすべてがノンステップバスとなった現在、都市新バス用の特別な車両はないが、深川営業所ではなるべく新しい車両を運用しているという。この日のA671は2016年の春、新車登録されたばかりのいすゞQPG-LV234L3だ。

点呼が終わると、営業時間前の2階の食堂に上がり、朝食のパンを頬張る。佐々木運転手は早朝からのダイヤに乗務する日、自宅で朝食をとらず、奥さんの協力のもと2食分の食事を持参しているそうだ。

エンジンルームを開けて日常点検。バスの種類が多いので、エンジンまわりの形状もさまざまである

運行管理者と相対して始業点呼。ダイヤ番号、車両の局番、この日の注意事項などを確認する

都バス運転手の一日を追う②　朝の〈都05〉はビジネス客で満員

311ダイヤの出庫時刻は6時41分。まずは晴海埠頭まで回送する

再びバスに乗り込み、定刻どおり6時41分に出庫。まずは晴海埠頭まで回送する。早朝に出庫する〈都05〉のなかには〈都05出入〉として営業運転するものもあり、晴海三丁目経由で3台が晴海埠頭へ、2台が東京駅丸の内南口へ向かう。しかし、311ダイヤは回送。豊洲駅前を通過して春海《はるみ》橋を渡り、6時56分、ピタリ定時に晴海埠頭に到着した。車内前方の次停留所表示装置が自動的に作動を開始し、佐々木運転手がマイクを装着。いよいよ営業運転が始まる。

晴海埠頭は着発同時刻で、待ち人もいなかったため、ただちに発車。クルマも人影もない早朝の埠頭を走る。ホテルマリナーズコート東京前で、ワイシャツ姿の男性が1人乗車。晴海通りに左折した晴海三丁目では、ビジネスマン風の男性2人とOL風の女性1人が乗ってきた。

「はい、発車します」と、マイクで告げる佐々木運転手。近年、都バス運転手の接遇はとても向上したと思う。勝どき駅前、勝どき橋南詰とまとまった乗車があり、座席がすべて埋まる。隅田川に架かる勝鬨《かちどき》橋のなかほどから渋滞につかまった。早朝から賑わう築地場外市場を横目にじりじりと進むと、築地三丁目と銀座四丁目でまとまった下車がある。和光ビルの時計塔を見上げながら中央通りを越えたら、急に流れがスムーズになった。数寄屋橋《すきやばし》を過ぎ、JR線のガードの下を右折して、有楽町駅前に停車。電子スターフに、予定時刻7時10分と現時刻7時16分が表示されている。6分の遅れだ。東京中央郵便局が入るKITTEビルを回り込み、終点の東京駅丸の内南口5番乗り場に着いたのは7時19分。折り返し晴

和光ビルの時計塔を見上げながら銀座四丁目交差点を通過

JR線の高架を見上げながら、有楽町駅前で右折。朝9時を過ぎると路線バス以外は右折禁止となる交差点だ

海埠頭行きの発車時刻になっていた。

すべての乗客を降ろし、車内点検をしようとした佐々木運転手。都バスでは忘れ物や不審物を発見するため、終点到着後の車内点検を行っている。すると中扉から、「俺が見るから、そのまま乗せていいよ」と後続便の同僚運転手。了解とばかり、佐々木運転手が前扉を開けると、乗り場にできた長い列が半分ほど飲み込まれた。〈都05〉には晴海埠頭行きと東京ビッグサイト前行きがあり、後続便は東京ビッグサイト前行きだ。列の半分はビッグサイト方面に行くのだろう。

同僚運転手とのチームプレーにより、7時21分、最小限の2分遅れで発車。JR京葉線の地下ホームに近い東京国際フォーラム前で、乗り継ぎ客らしい人たちが加わる。ここでも、ビッグサイト方

東京駅丸の内駅舎の前を行く。丸の内南口には都バス〈都04〉〈都05〉と東急バス〈東98〉が発着している

勝鬨橋で隅田川を渡る。周辺には再開発で誕生した高層ビルが林立し、〈都05〉の新たな需要を創出している

面行きを待つ人が、半分くらいバス停に残る。有楽町駅前で立ち客が出て、晴海通りに左折。逆方向もクルマは多いものの、渋滞はできていない。降車が始まったが、乗る人のほうが多いので、車内はどんどん混雑してくる。けれど勝鬨橋を渡った晴海トリトンスクエア前で、ほとんどの人たちが下車してしまう。この巨大な複合ビルで、果たしてどれだけの人々が働いているのだろうか。深川営業所管内の乗客増加は、こうした大規模な再開発に支えられているのだ。

車内に乗客がまばらになり、晴海三丁目の交差点を右折。ホテルマリナーズコート東京前で、筆者1人を残してみな降りた。終点の晴海埠頭には7時46分に到着。やはり6分遅れているが、「今日はスムーズなほうです。この時間、もっと遅れる日もありますから」と、今度はしっかり車内点検をしながら佐々木運転手。都バスのダイヤはある程度、渋滞を加味して作成されている。311ダイヤを見ても、晴海埠頭〜東京駅間の所要時間はさまざまで、晴海埠頭6時56分発は18分なのに対し、9時59分発は29分もとってある。朝はほとんどがIC定期券使用のビジネス客で、人数もあまり変わらないだろうし、乗降に手間取ることもない。この時間帯は所要時間の設定が短いので、もしかしたら、ちょっとした道路の混雑で遅れが増すのかもしれない。鉄道と異なり、一般車両と一緒に公道を走る路線バス。その運転は難しいものだとつくづく感じた。

晴海埠頭の操車所で食入。深川営業所の〈都05〉〈錦13甲〉、港南支所の〈都03〉の運転手がここで休憩や食事をとっている

都バス運転手の一日を追う③　操車所で過ごす休憩時間

佐々木運転手は晴海埠頭の操車所でトイレだけを済ませ、7時52分、あわただしく東京駅に向けて発車した。311ダイヤでは午前中、晴海埠頭～東京駅丸の内南口間を4往復する。このうち2往復半の間、筆者は〈都05〉沿道でA671の走行シーンを撮影。東京駅丸の内南口10時31分の便で、佐々木運転手に拾われる。バスは10時58分に晴海埠頭に到着。

ここで「食入《しょくにゅう》」となる。「食入」とは文字どおり食事休憩のための入庫。311ダイヤの晴海埠頭の折り返し時間は8～12分しかな

客船ターミナルの建物の一角にある乗務員控室。なかには運行監視モニターも置かれ、操車業務を行う職員が詰めている

いが、ここだけ1時間16分とられている。これまで乗り場近くに停めていたバスを、乗り場から離れたところに8台分用意された「食入」用のスペースに駐車。すでに5台のバスが「食入」している。佐々木運転手によれば、311ダイヤの「食入」が一番遅いのだそうだ。

先ほど佐々木運転手がトイレを済ませた操車所という施設には、営業所と同じように運行監視モニターが置かれ、職員が1人詰めている。バスがダイヤどおり走っていれば問題がないが、もしもダイヤが大きく乱れたときには、ここで職員が操車業務を行う。公道を走るバスは電車と異なり、後続が遅れたからといって、停留所に長く停車して運行間隔を

畳敷きの休憩室で早めの昼食をとる佐々木運転手。乗務員の食事時間は不規則になるので、体調管理には気を遣いそう…

調整することはできない。そこで、大きく間隔が開いてしまったところに1台バスを走らせるなどして、時刻表どおりではないけれどほぼ等間隔でバスが来る状態をつくるのだという。営業所から離れたところを走る路線では、その作業を操車所の職員が行う。深川営業所管内では、〈都05〉晴海系統と〈錦13甲〉系統を晴海埠頭操車所、〈都05〉ビッグサイト系統と〈東16〉〈門19〉系統を東京ビッグサイト操車所、〈木13甲〉〈錦13折返〉系統を木場操車所が行っているそうだ。

　先に「食入」を終えた運転手たちはバスに戻ったようで、1人だけ、「研修生」の腕章をつけた若い運転手が休憩中だった。彼は港南支所の所属で、はとバスの社員とのこと。

操車業務や運行管理は行っていないものの、港南所管の〈都03〉晴海埠頭～四谷駅前間の運転手もここで休憩するのだ。操車所には畳敷きの休憩スペースがあり、電子レンジやトースター、テレビなども置かれている。佐々木運転手は2食目の愛妻弁当を広げ、ご飯とおかずを温めてから箸を進めた。

食後の雑談のなかで、佐々木運転手が筆者と同じ1963（昭和38）年生まれだと知る。20代のころ、トラックドライバーから都内の民営バス会社の観光バス運転手に転職。しかし、バブル全盛期で観光バスの仕事は超多忙。何日も休めない日が続くこともあった。そこで1990（平成2）年、路線バスに乗ろうと都バスの運転手募集に応募。何百人という応募者がいることを知り、ふるさとの福島交通に入社することも考えたが、運良く採用されたのだと話してくれた。

「自宅が千葉なので江東に行くのかなと思ったら、深川に配属されました」と佐々木運転手。三菱車が好きだったので、「いすゞかあ～」と少し残念だったとか。しかしその後、新車購入が入札方式となり、深川にも三菱車が登場。「オートマだし、とてもいいですよ」と言って笑った。

都バス運転手の一日を追う④　午後の仕事をこなして無事入庫

駐車スペースに戻るとほかのバスはすべて「食出《しょくしゅつ》」しており、A671だけがポツンと停まっ

晴海埠頭からの帰路も回送。豊洲駅前で同僚運転手を1人乗せ、14時26分、深川車庫に入庫した

ていた。12時14分に晴海埠頭を発車。晴海三丁目ではベビーカーを押した若い母親、勝どき橋南詰ではたくさんのお年寄りたちが乗るなど、朝とは明らかに客層が違っている。佐々木運転手は「ＰＡＳＭＯ」チャージの申し出に応じたり、「聖路加《せいろか》病院に行きますか?」と聞かれ「15番（東15系統のこと）に乗ってください」と答えたり、朝よりなんだか忙しそうに見える。

　道路状況も一変。歩道寄りの1車線に違法駐車のクルマが並んでいる。配送のトラックなど仕方ないのだろうけれど、バスの運行には支障となる。また有楽町駅前の交差点は、朝9時を過ぎると路線バス以外右折禁止となる。佐々木運転手によれば、うっかり一緒に

バスに給油するのも運転手の仕事。タンク容量には余裕があるが、入庫したら燃料を補給することになっている

右折してしまうクルマをときどき見かけるとか。「昔はここに交番があって、よく注意されていましたよ」と笑った。

12時39分に東京駅丸の内南口に到着。このあと、東京駅12時43分発、晴海13時19分発、東京駅13時48分発の便をこなしていく。客層の違いから朝より乗降に時間がかかり、道路状況も良くないのに、午後はほぼ定刻どおり走っているから不思議だ。朝より所要時間が長くとられているダイヤに助けられているのだろうか。こうして14時14分、晴海埠頭に到着し、営業運転を終了した。

313ダイヤは入庫時も回送。朝来た道を戻り、春海橋を越える。豊洲駅前では〈東15〉〈東16〉深川車庫前行きが停まる11番乗り場に停車。同僚の運転手1人を乗せた。ここで交代する〈業10〉の乗務員で、深川車庫前行きが来ない時間帯には乗せていくことになっているそうだ。14時26分、深川車庫前に到着。降車バス停で、「ありがとうね」と便乗運転手が降りていく。佐々木運転手はそのままバスを進め、給油スタンドへ。燃料タンクは１６０Ｌの容量があり、一日の仕事には余裕だが、ダイヤを終えたら満タンにしておく決まりだ。かつてＣＮＧスタンドもあった深川営業所。ＣＮＧは軽油に比べ充填に時間がかかるため、入庫が集中する時間帯には充填待ちのバスが列をつくった。その後、ＣＮＧバスは臨海支所に集められ、深川営業所のＣＮＧスタンドは廃止。１台だけある小型ＣＮＧバスは、民営のスタンドで充填しているそうだ。

バスを駐車スペースに移動し、金庫などを抜いて扉を閉める。営業所の庁舎へ戻り、金庫を精算機にセット。たちまち運賃の現金が精算されていく。しかし、いまはほとんどの乗客がＩＣカードを利用。そのため現金は減り、運賃収入額の多くはＩＣカードから引き落としたものとなる。このあとＡ６７１に乗務する運転手のために、駐車場所をホワイトボードに記入。最後にもう一度、アルコールのチェック。そして運行管理者と終

庁舎に戻ると金庫を精算機にセット。運賃箱に発券機能が付加され、ICカードも普及したため、運転手が直接現金を扱うことはなくなった

業点呼を行う。このとき、乗務中のトラブルや運行上の注意点などがあれば報告し、運行管理者やこれから乗務する運転手と共有する。点呼を終えた佐々木運転手はロッカー室に消えた。

創設は戦時体制下の1943年 自動車工場の歴史と役割

深川営業所の庁舎から、バスの駐車スペースを挟んだ向かい側に、大きな工場がある。このうち左側約4分の1は、深川営業所の車両担当の職場。つまり営業所の整備工場で、前述したように、日常の点検整備や1カ月・3カ月ごとの点検、簡単な修理などを行っている。残りの約4分の3は、深川営業所のものではなく、交通局車両課直轄の自動車工場となっている。

自動車工場の歴史は古く、陸上交通事業法による交通調整により車両数が2000台近くに及んだ1943（昭和18）年、青山の電車車両工場に隣接して創設されたのが始まり。この工場は戦災で焼失したため、1945（昭和20）年には品川に移転して業務を再開した。1964（昭和39）年には芝浦に新工場が完成。さらに1991（平成3）年、交通局東雲総合庁舎が竣工し、現在地に移転した。

自動車工場には現在、再任用と非常勤も含め、68人の職員が勤務。その組織は、計画担当、検査担当、整備担当の3つに分かれている。計画担当の責任者は工場長で、ほか8人の職員が、工

ヘッドライトの明るさを機械で測定。車検を終えたバスが保安基準を満たしていることを確認するのは、検査担当の技術職員

場の庶務や文書事務、施設の管理、関係監督官庁との連絡調整、バスの整備の計画や工程管理、バスの部品の発注や備品管理などにあたる。整備するバスの営業所・支所～自動車工場間の回送もこの部署の仕事で、再任用職員1人と非常勤職員2人が受け持つ。検査担当は技術職員3人と技能職員1人で、車検整備を終えたバスが保安基準に適合しているか、検査を行っている。またCNGバスのガスボンベの検査や排出ガスの黒煙濃度の測定、検査後の試運転も担当している。

　整備担当は課長代理のもとに技術職員3人、総括整備長1人、整備長2人、そして技能職員48人がおり、実際の整備作業にあたっている。具体的には、車検整備、定期点検整備、機関整備、車体整備、車両改造や事故車修理、電装品・補機部品の組み立てや修理、機械加工などを分担して行っている。それぞれの整備作業がどのようなものなのか、一つひとつ紹介していこう。

予備部品を活用して1日6台を車検整備

整備担当のメインとなる仕事は車検整備。6つのレーンが設けられ、毎日6台のバスが入場してくる

自動車工場のメインとなる仕事は、道路運送車両法にもとづく12カ月定期点検整備、いわゆる車検整備である。営業用のバスは1年に1回の車検整備が義務づけられており、都バス車両およそ1500台のうち、その年に廃車されるものを除いた約1400台が、この自動車工場にやってくる。車検整備場には6つのレーンがあり、車検担当の技能職員も6班に分かれている。

車検整備では乗用車と同じように、保安基準に適合するよう、エンジンやブレーキ、電装品などの調整を行い、摩耗部品や劣化部品の交換が行われる。また乗用車と異なり、多くの乗客を乗せて営業運転する車両なので、摩耗や劣化の程度に加

車検整備を迅速に行うために予備部品を確保。車検班とは別にエンジン、電装、ブレーキの各班がこれを整備している

え、一定の期間や一定の走行キロごとに部品を交換している。これを計画整備という。計画整備の基準は全車両一律ではなく、たとえば坂の多い営業所の車両といったように、使用環境なども加味して設定されている。

これらの車検整備は1台1日が原則。毎日6台が入場する計画が組まれており、入場したバスの部品をすべて整備していたのでは間に合わない。このため都バスでは、各車種のエンジンやブレーキ、電装品などの予備を用意。入場したバスにはあらかじめ整備済みの予備を搭載・装着し、入場したバスのものは車検とは別に整備する方法をとっている。それらを担当するのが、エンジン、ブレーキ、電装の各班の技能職員である。

接客設備をきれいに保つことも大切。シートは外して清掃を行い、傷んだ箇所の補修も行っている

ところでバスの場合、乗客サービスとして、見た目が美しいことも大切だ。保安基準に適合しているからといって、傷んだ車体のバスを走らせるわけにはいかない。そこで新車購入から7〜8年経過した車両に対して、車体の更生作業を行っている。都バス車両は15年ほど使用されるので、ちょうど折り返し地点で生まれ変わるというわけだ。内容としては、外装の腐食部分の板金修理や全塗装、床材の張り替えやシートの補修・清掃などで、車体班の仕事となる。また、営業所の工場では手に負えないような車体の損傷も、自動車工場の車体班が板金修理している。

独特の仕事として、機械加工がある。ブレーキやクラッチ部品の研削修正加工を行うほか、

車両の購入から7～8年で行われている更生作業。板金修理と全塗装を終えたバスは、まるで新車のように見える

更生作業は車内にも及ぶ。床材をはがし、床板の腐食部分を交換して、再び床材を張りつけるという地道な作業だ

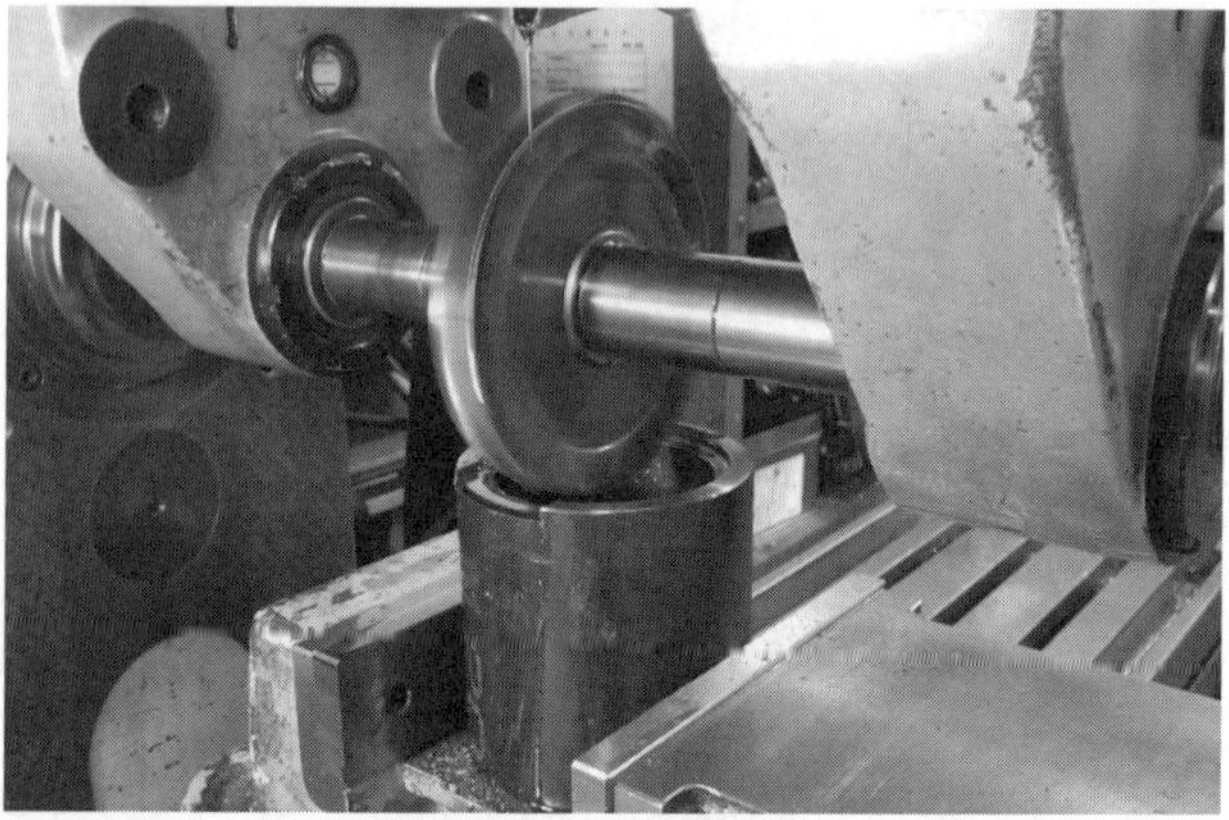

機械工作室ではバスの部品だけでなく、整備に使う工具類も製作されている。整備作業を効率的に行うための裏方仕事である

自動車工場や各営業所の工場が整備作業を行いやすいよう、整備工具そのものを製造しているのだ。機械工作室と呼ばれる部屋を覗くと、旋盤やフライス盤など、バス事業者の工場とは思えない大型機械が並ぶ。時にはベテランの知恵によるオンリーワンの工具、時には新人でも作業しやすい汎用工具が、この部屋で創り出されている。

整備作業で発生した不用品の一部は、イベント等で販売され、わずかながら増収に貢献している。方向幕や押しボタン、吊り革などは、バスファンを中心にして人気が高い。また、みんくる柄のシート生地のハギレを活用して、自動車工場オリジナルのトートバッグやペンケースなどもつくっており、女性や子どもたちの人気を集めている。

乗車ルポ

出入庫系統だけが結ぶ新宿車庫
〈宿75出入〉〈宿74出入〉系統（新宿駅西口～新宿車庫前）

新宿駅西口

新宿駅西口ロータリーの都バス乗り場から少し離れた京王百貨店前。京王バスとリムジンバスの乗り場に挟まれた22番乗り場で、〈宿75出入〉系統を待つ。〈宿75出入〉は、新宿駅西口～抜弁天《ぬけべんてん》～東京女子医大前間の〈宿75〉系統と新宿支所（新宿車庫）を結ぶためのもの。〈宿75〉の車両・乗務員運用に合わせたダイヤだから、運行間隔は不規則で、1日8～12本（出庫便と入庫便、曜日により異なる）が設定されている。平日の10時33分発を狙うと、やってきたのは45分ごろ。バス停で1人、待っていた筆者に、ドアを開けるなり運転手が、「ずいぶん待たれましたか？　申し訳ありません。女子医大からの道が渋滞していたものですから……」と、遅れの理由を説明して詫びた。

甲州街道に右折し、角筈《つのはず》二丁目、文化服装学院前を通過。西参道を過ぎると、山手通りとの交差点に続く側道に入るのだが、ここが大渋滞。高速バスが行列をつくっている。「オペラシティ南で降りませんよね？」と運転手。新宿駅南口にバスターミナルの「バスタ新宿」ができてから、左折車線が渋滞するようになったが、その途中にバス停があるので、降りる人がいれば渋滞に加わらなければならないそうだ。

新宿支所

「遅れてしまってすみません」と、運転手は重ねて謝るが、本系統で遅れ、入庫系統でさらに遅れ、車庫を目前になかなか退勤できない運転手こそ、気の毒に感じた。

ふと、20年も前の思い出がよみがえる。当時は秋葉原駅東口～新宿駅西口～新宿車庫前間の〈秋76〉系統が頻繁に走っており、取材で新宿営業所を訪ねるため、22番乗り場から乗車した。と、ハンドルを握っていたのは、中学時代の同級生H。甲州街道を揺られていると、突然、小さなトラックに割り込まれた。車庫前に着いたとき「ムカつかない？」と尋ねたら、「こんなことでいちいち怒ってたら、バスドラなんてできないよ」とHが笑った。中学時代、どちらかといえば喧嘩っ早かったH。そんな彼がすっかりプロになっているのを見て、とてもカッコ良く感じたものだった。

ようやく山手通りに右折して、新宿車庫前に到着。「お疲れさまでした」と運転手に声をかけ、バスを降りた。新宿営業所は都営大江戸線が全線開業した2000（平成12）年、〈秋76〉など担当路線3系統が廃止されて支所に降格。このとき、新宿駅と車庫を結ぶ路線は、出入庫系統だけになった。さらに、2009（平成21）年には業務をはとバスに委託。筆者の同級生Hも、他営業所へ異動した。現在、新宿支所の担当路線に乗務しているのは、はとバスの運転手なのである。

帰路は、新宿車庫前11時09分発の〈宿74出入〉系統に乗る。こちらは新宿支所と新宿駅西口～国立国際医療研究センター前～東京女子医大前間の〈宿74〉系統を結ん

新宿車庫前

でおり、1日8~11本（出庫便と入庫便、曜日により異なる）が運行されている。前面に「研修中」と掲げたバスは、都道431号線上のバス停から、新宿中央公園を抜け、都庁の下をくぐる。指導運転手の注意に耳を傾けながら、バス停や信号を指さし確認する若い新人運転手。都バスを取り巻く環境は変わったが、Hのようなプロの運転手がしっかり育てられている様子を見て、心強い気持ちになった。

乗車ルポ

レインボーブリッジを渡って出入庫
〈波01出入〉系統（品川駅港南口~東京テレポート駅前）

2006（平成18）年、お台場地区の東京テレポート駅前~中央防波堤間に〈波01〉系統が運行を開始。品川営業所と港南支所が共同で担当し、2年後に品川の単独運行となる。2009（平成21）年には東京テレポート駅前~門前仲町間〈海01〉系統の一部を品川営業所が担当。この路線はかつて品川駅東口~お台場地区~門前仲町間を結んでおり、品川営業所と深川営業所が共同担当していたが、りんかい線の全通により品川~お台場間が廃止され、深川の単独運行になっていた。

こうして品川営業所は、車庫から遠く離れたお台場地区に担当路線を持つことになったた

品川駅港南口

め、品川駅港南口～東京テレポート駅前間に〈波01出入〉系統が設定されている。出入庫系統なので運行間隔は不規則で、1日4～11本（出庫便と入庫便、曜日により異なる）のダイヤである。

平日の昼過ぎ、14時03分発に乗車。意外にも10人ほど乗客があり、半数は中国人観光客のグループだった。海外でこんな路線を見つけだすなんて、なかなかの旅行ツウがいるものだ。〈波01出入〉は〈田99〉田町駅前行きと同じルートで海岸通りへ。首都高速羽田線の高架下を北上する。高速の芝浦出入口を過ぎると右に折れ、今度はゆりかもめと並走。大きなループを描きながら、高度を上げていく。やがて正面に、青空を突き刺す純白の主塔。レインボーブリッジが現れた。

かつての〈海01〉は首都高速湾岸線の東京港トンネル経由だったが、〈波01出入〉はレインボーブリッジ1階の一般道部分を走ってお台場に渡る。レインボーブリッジを走る都バス路線には、浜松町駅とお台場地区を結ぶ〈虹01〉系統、品川駅とお台場地区を結ぶ〈虹02〉

レインボーブリッジ

ゆりかもめと併走

系統があったが、いずれもりんかい線の全通時に廃止され、いまは〈波01出入〉が唯一の存在。都内屈指の絶景ポイントだけに、少し残念だ。快晴のこの日は、海の向こうにベイエリアの高層ビル群がくっきりそびえる素晴らしい車窓。中国人観光客も、しきりにケータイのシャッターを押していた。

お台場に上陸した〈波01出入〉のほとんどは、東京テレポート駅前に直行せず、ゆりかもめの高架下をたどりながら、ぐるりとお台場地区を一周する。出入庫系統とはいいながら、利用者の利便性を考慮したルートになっているのだ。フジテレビ前では中国人観光客グループと若いカップルが下車。台場駅前、テレコムセンター駅前と乗客を降ろし、車内には筆者1人になる。青海《あおみ》一丁目交差点でゆりかもめと分かれ、14時30分、終点の東京テレポート駅前に到着した。

到着した車両はしばらくロータリーで待機したのち、〈海01〉門前仲町行きとなって発車していった。〈波01出入〉の多くは〈波01〉ではなく、〈海01〉のための出入庫ダイヤなのである。しかし、せっかく〈波01出入〉で東京テレポート駅前に来たのだから、〈波01〉という路線を観察してみたい。そこで車両は異なるが、14時59分発の〈波01〉中央防波堤行き

東京港

東京テレポート駅前

に乗ることにする。

筆者だけを乗せたバスは、船の科学館駅前でゆりかもめの高架下に左折し、先ほど〈波01出入〉で通ったルートをトレース。テレコムセンター駅前で作業服姿の男性を1人乗せると、右折して進路を南東にとった。片側2車線の道路には、これまでのような乗用車の姿はなく、トラックとパッカー車に囲まれる。やがて掘割となって、どんどん高度が下がり、第二航路海底トンネルに突入。坂を上ってたどり着いた埋め立て地が、中央防波堤だった。一帯は、ごみ処理センターをはじめ東京都環境局の関連施設ばかり。その一角に、終点のバス停ポールが立っていた。

中央防波堤

〈海01〉が開設された1980年代初め、13号地と呼ばれ未開の埋め立て地だったお台場地区は、30年以上の時を経て、流行の先端を行く新都心へと成長した。その輸送を一貫して担ってきた都バスはいま、さらに沖合、新たに誕生した埋め立て地へ足を踏み出しているのだった。

■主要参考文献

『東京都交通局100年史』(2012年) 東京都交通局
『都営交通のあらまし』(2015年版) 東京都交通局
『みんくるガイド』(2016年版) 東京都交通局
『バスジャパン ハンドブックシリーズNo.1東京都交通局』(1993年) BJエディターズ
『バスジャパン ハンドブックシリーズNo.21東京都交通局』(1997年) BJエディターズ
『バスジャパン ハンドブックシリーズNo.56東京都交通局』(2005年) BJエディターズ
『バスジャパン ハンドブックシリーズNo.87都営バス』(2015年) BJエディターズ
『私の知っているバス達 東京都営バス』 久保田喜美雄著
「バスラマインターナショナル」44~49号連載 (1997~1998年) ぽると出版
『都バス東京旅情・東部編』林順信著 (1984年) 大正出版
『都バス東京旅情・西部編』林順信著 (1984年) 大正出版

■写真提供・取材協力

東京都交通局

おわりに

子どものころから都バスファンだった筆者は、1986(昭和61)年に雑誌「バスジャパン」を創刊したときの特集も都バスにしたし、今日まで刊行を続けるBJハンドブックシリーズでは4回も都バスをまとめている。そうして過ごした30年間、都バスは大きく変わったと思う。

30年前、板バネにありきたりの中引戸・2段サッシ窓だった車両は、エアサスや4枚折戸・逆T字型窓が採用され、CNGやハイブリッドなどの低公害車両も加わり、リフトつき超低床バスを経て、今日では100%ノンステップバスとなった。また30年前、運賃支払いにもたついていると叱りつける乗務員もいたのに、いまはみんながマイクを活用し、丁寧な案内に努めている。「発車します」「右へ曲がります」「ありがとうございます」と、こんなによくしゃべるバス乗務員は世界的に見ても日本のバス以外に例がなく、まさに日本の〝おもてなしの心〟といえよう。

対して、私たち乗客のマナーはどうだろうか。ずっと停留所にいたのに、バスに乗り込んでからICカードや小銭を探す人。遅れの原因は環境にあるのに、遅れてきたバスの乗務員に嫌味を言う人。車内事故のもとになるのに、停車前に席を立ち上がる人。相変わらず減らない、車内で携帯電話の通話をする人。お客様は神様ではない! と筆者は思う。みんなが心地よく路線バスを利用するには、車両や乗務員だけでなく、乗客自身もまた変わらなければならないのだ。

近年は外国人旅行者が急増しており、2020(平成32)年には東京オリンピック・パラリンピックの開催も控えている。首都東京の路面交通の顔である都バスには、ますます多様なサービスが求められることになろう。漢字の入った系統番号でよいのか、行き先表示に併記するのは英字だけでよいのか、検討すべきことはたくさんある。民営バス各社と協力し合いながら、都バスには世界の人々が安心して快適に利用できる路線バス・貸切バスをめざしてほしいと思う。

最後に、本書の取材や資料提供にご協力いただいた東京都交通局お客様サービス課、深川自動車営業所、車両課自動車工場のみなさん、編集作業にご尽力いただいた交通新聞社の山口昌彦さん、小日向淳子さんに、この場を借りて心より御礼申し上げたい。

2016年10月　加藤佳一

加藤佳一（かとうよしかず）
1986年にバス専門誌『バスジャパン』を創刊。1993年から、バス会社ごとにまとめた『BJハンドブック』の刊行を続け、バスに関する図書も多数編集。著書に『つばめマークのバスが行く』(交通新聞社新書)、『都バスで行く東京散歩』(洋泉社新書)、『至福の長距離バス・自由自在』（講談社＋α新書）ほか。現在月刊交通業界誌『JRガゼット』にて「知るバス」を連載中。NPO日本バス文化保存振興委員会理事。日本バス友の会会員。

交通新聞社新書101
そうだったのか、都バス
懐かしの車両から最新システムまで
（定価はカバーに表示してあります）

2016年10月14日　第1刷発行

著　者――加藤佳一
発行人――江頭　誠
発行所――株式会社　交通新聞社
http://www.kotsu.co.jp
〒101-0062　東京都千代田区神田駿河台2-3-11
NBF御茶ノ水ビル
電話　東京（03）6831-6550（編集部）
東京（03）6831-6622（販売部）

印刷・製本―大日本印刷株式会社

ISBN978-4-330-69716-1